Wilfried Stascheit

Wasser erkunden & erfahren

Eine Wasser-Werkstatt für Klasse 3/4

Verlag an der Ruhr

Inhaltsverzeichnis

Impressum

Titel: **Wasser erkunden & erfahren**
Eine Wasser-Werkstatt für Klasse 3/4

Autor: Wilfried Stascheit

Illustrationen: Norbert Höveler u.a.

Fotos: © Martin Waugh, 2006

Druck: Druckerei Uwe Nolte, Iserlohn

Verlag: Verlag an der Ruhr
Alexanderstraße 54 – 45472 Mülheim an der Ruhr
Postfach 10 22 51 – 45422 Mülheim an der Ruhr
Tel.: 0208/439 54 50 – Fax: 02 08/439 54 239
E-Mail: info@verlagruhr.de
www.verlagruhr.de

ISBN 978-3-8346-0198-8

geeignet für die Klasse 1 2 **3** **4** 5

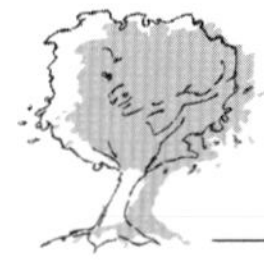

Ein weiterer Beitrag zum Umweltschutz:

Das Papier, auf das dieser Titel gedruckt ist, hat ca. ***50% Altpapieranteil,*** *der Rest sind* ***chlorfrei*** *gebleichte Primärfasern.*

Die Schreibweise der Texte folgt der neuesten Fassung der Rechtschreibregeln – gültig ab August 2006.

Vorwort

Das Element Wasser in der Grundschule

Das natürliche Urelement Wasser hält viele Möglichkeiten bereit, Kinder in der Grundschule über den Umgang mit dem alltäglichen **„Lebensmittel"** Wasser an den faszinierenden **„Lebensspender"** Wasser heranzuführen. Dabei geht es nicht ausschließlich um die zahlreichen natürlichen Prozesse und Phänomene rund um das Thema „Wasser", die aus naturwissenschaftlicher Sicht für den Sachunterricht interessant sind. Es ist insbesondere **die Faszination**, die von dem Element Wasser ausgeht und die es Kindern zu vermitteln gilt. Wasser ist **einzigartig**, **unersetzlich** und **kostbar**. Das vor allem sollten Kinder heute im Umgang mit dem Element erfahren.

Ich stelle dabei einen **spielerischen**, **forschenden**, **entdeckenden Weg** vor, der auch **Umwege**, **kreative Schlenker** und **staunendes Verweilen** ermöglicht. Zentrales Anliegen der Materialien ist daher, Kinder die **Vielfalt** und die **erstaunlichen Eigenschaften** von Wasser erleben und erfahren zu lassen.

Der Aufbau der Materialien

Um den Kindern einen offenen und vielfältigen Zugang zu dem Thema „Wasser" zu ermöglichen, habe ich die Ideen, Anregungen, Versuche und Spiele thematisch geordnet und als **„Baukästen"** angelegt.

Das **sinnliche Erleben** steht dabei bewusst **vor** jeder **inhaltlichen Auseinandersetzung**. Die Aufgaben und Anregungen, welche dieses Erleben zulassen, sind daher als Baustein allen weiteren Unterrichtsanregungen vorangestellt.

Die sachliche Auseinandersetzung mit dem Thema „Wasser" kommt dabei keinesfalls zu kurz – lediglich die Reihenfolge ist eine andere. Denn an das sinnliche Erleben knüpfen zahlreiche Experimente und Erforschungen an, die Erkenntnisse und Beobachtungen initiieren.

Die Materialien gliedern sich in die folgenden Baukästen:

1. Wasser-Vorarbeiten

2. Kreatives zum Thema Wasser

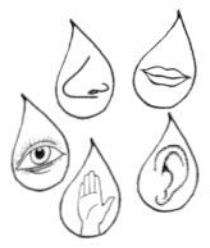

3. Wasser mit allen Sinnen

4. Wasser in verschiedenen Formen

5. Schwimmen und Sinken

6. Wasser in Flaschen, Gläsern und Leitungen

7. Wasser in Fluss, Teich und Meer

8. Der Wasserkreislauf

9. Wasser säubern

Die Arbeit mit den Baukästen

Sie können die einzelnen Baukästen öffnen und einzelne Bausteine, die in den unterrichtlichen Kontext passen, entnehmen. Dadurch eignen sie sich besonders für die Freie Arbeit. Die einzelnen Elemente lassen sich aber auch zu kleineren und größeren Einheiten kombinieren oder als Grundlage einer Unterrichtsreihe hintereinanderschalten.
Dieses methodische Baukastenprinzip sollte möglichst seine Entsprechung auch in der formalen Präsentation und Aufbewahrung der benötigten Materialien finden: in für die Kinder frei zugänglichen Ablagekörben (für die Arbeitsblätter) und kleineren oder größeren

Schachteln und Kartons (für die jeweils benötigten Utensilien). Zweckmäßigerweise – und dem Thema angepasst – könnten die jeweiligen Materialien für Versuche, Spiele und Basteleien auch in Schüsseln oder Eimern bereitgestellt werden. So schaffen Sie auch den passenden Rahmen für das sinnliche Erleben des Themas „Wasser".

Die Materialsammlung – dazu sollten auch Bücher mit Hintergrundinformationen, Lieder, Gedichte, Geschichten, Wörterlisten etc. gehören – können in der Klasse in einer „Wasser-Ecke" aufgebaut werden und den Kindern während ihrer Arbeit an dem Thema zur Verfügung stehen.

Die Vielfältigkeit des Themas erlaubt weit mehr, als schwarz auf weiß gedruckt zwischen zwei Pappdeckel passt. Aus diesem Grund sind die vorliegenden Materialien bewusst offen gehalten. Sie können diese problemlos um eigene Ideen bzw. die der Kinder ergänzen und erweitern.

Aufbau der Arbeitsblätter

Die Arbeitsaufträge für die Kinder sind direkt auf den Arbeitsblättern zu finden. Dazu gibt es mehrere Symbole, die Ihnen und den Kindern den Umgang mit den Materialien erleichtern.

Es wird angezeigt, ob **allein**, mit **einer(m) PartnerIn** oder in der **Gruppe** gearbeitet werden soll und ob es sich bei dem Arbeitsauftrag zum Beispiel um einen **Versuch** oder ein **Projekt** handelt.

Einzelarbeit

Partnerarbeit

Gruppenarbeit

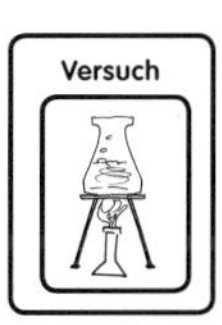

Versuch

Projekt

Oft sind **verschiedene Arbeitsformen** möglich, dann können Sie oder die Kinder entscheiden, in welcher Weise gearbeitet werden soll.
Bei vielen Versuchen wird der Hinweis auf den Versuchsbogen gegeben. In diesen **Blanko-Versuchsbogen** (S. 7) tragen die Kinder ihre **Vermutungen**, **Beobachtungen** und **Erklärungsversuche** ein.

Unter den Versuchsbeschreibungen werden häufig **naturwissenschaftliche Erklärungen** angeboten und **Hintergründe** erläutert (Wissen). Diese sollten die Kinder zunächst an der Knicklinie nach hinten wegknicken, damit sie eigene Vermutungen über den Versuchsverlauf anstellen können. Nach Durchführung des Versuchs dienen die Erklärungen dann zur **Überprüfung der Vermutungen**.

Jedes Kind bekommt zu Beginn der Arbeit einen **Arbeits-Pass** (S. 6). Sie können diesen Pass selbst ausfüllen und so aus dem Angebot der Werkstatt auswählen sowie individuelle Differenzierungen für einzelne Kinder vornehmen. Dabei können Sie zwischen Pflicht- und Wahlaufgaben unterscheiden. Die Kinder tragen das Datum ein, an dem sie ein Angebot fertig bearbeitet haben. Ist die Bearbeitung kontrolliert oder vorgestellt, können Sie oder die Experten eine Unterschrift in die entsprechende Spalte setzen. Auf diese Weise behalten sowohl die Kinder als auch Sie einen **Überblick über den aktuellen Arbeitsstand**.

Zielgruppe der Materialien

Die vorliegenden Materialien sind für den Einsatz in den Klassen 3 und 4 konzipiert. Für die Arbeit in den Klassen 1 und 2 ist die Werkstatt „Wasser erleben und erfahren" beim Verlag an der Ruhr erschienen. Beide Bände können unabhängig voneinander im Unterricht eingesetzt, jedoch auch zur Vertiefung des Themas in verschiedenen Klassenstufen aufeinander aufbauend genutzt werden.

Viel Erfolg bei der Arbeit mit dem Material,

Wilfried Stascheit

Arbeits-Pass

von: ______________________________

Angebot	durchgeführt/ erledigt am:	kontrolliert/ vorgestellt am:

 ISBN 978-3-8346-0198-8

Versuchsbogen

von: ______________________________

Datum: ________________ Versuch: ________________________

Durchgeführt ☐ mit ______________
☐ alleine

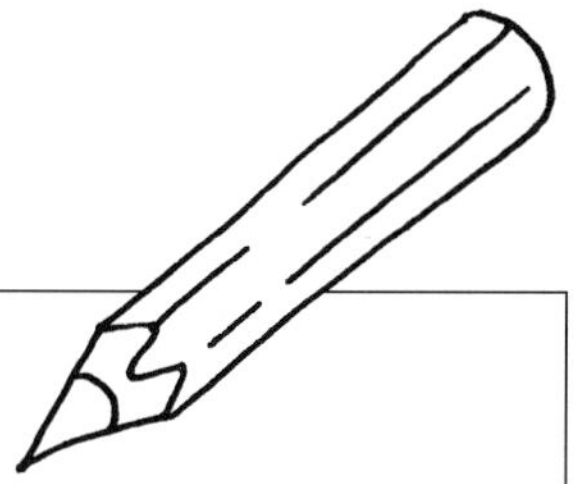

Vor dem Versuch

Was wird wohl passieren?

Meine Vermutungen:

____

____

____

____

Während des Versuchs

Was passiert? Was sehe ich? Was höre ich?

Meine Beobachtungen:

____

____

____

____

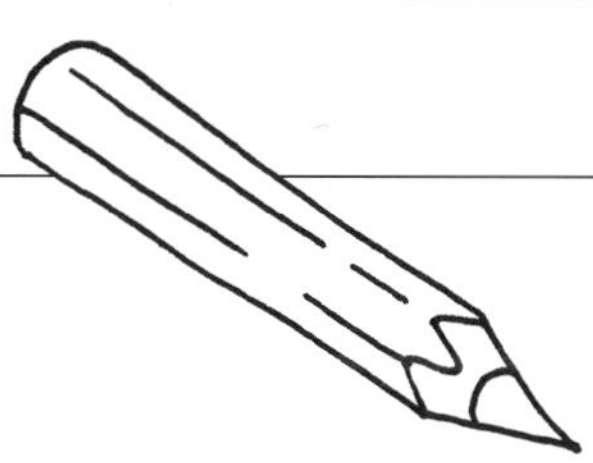

Nach dem Versuch

Wie kann ich mir erklären, was passiert ist?

Meine Erklärungen:

____

____

____

____

© Verlag an der Ruhr · Postfach 10 22 51 · 45422 Mülheim an der Ruhr · www.verlagruhr.de · ISBN 978-3-8346-0198-8

Mein Wasser-Buch

Während du dich mit dem Thema „Wasser" beschäftigst, wirst du viele verschiedene Aufgaben bearbeiten. Damit alles, was du erarbeitet und hergestellt hast, nicht verloren geht, kannst du es in deinem eigenen Wasser-Buch sammeln. Darin solltest du auch alle Arbeitsblätter mit Versuchen, Informationen und Bauanleitungen zum Thema abheften.

Ganz wichtig:
Wenn dir bei deiner Arbeit am Thema interessante Fragen einfallen oder du wichtige Informationen findest, kannst du sie ebenfalls in deinem Wasser-Buch notieren. Vielleicht können sie für den Unterricht wichtig sein. Möglicherweise entdeckst du auch schöne Gedichte, Bilder, Lieder oder Geschichten. Alles, was du zum Thema Wasser interessant und schön findest, kannst du in dein einmaliges Wasser-Buch einheften, fang schon mal damit an.

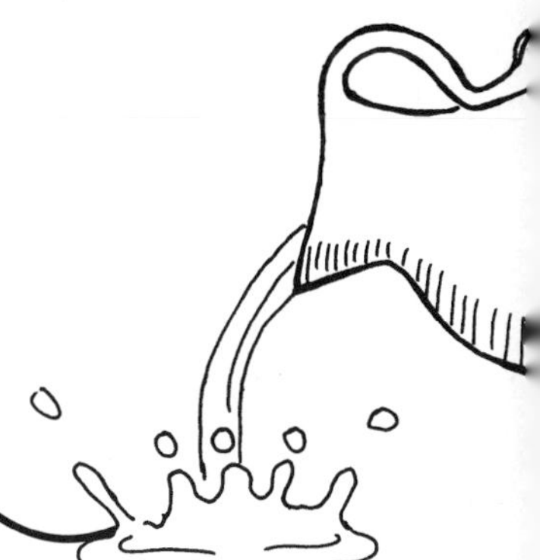

- **Das brauchst du:**
  einen Schnellhefter oder eine Sammelmappe,
  ein selbstgebasteltes Namensschild zum Ausschneiden

- **So geht es:**
  Damit man gleich sieht, dass es ein Wasser-Buch ist, solltest du das Titelbild selbst malen und gestalten. Du kannst auch aus Zeitungen Fotos vom Wasser ausschneiden oder ausreißen und sie auf das Titelbild kleben. Auf die Titelseite gehört auch der Titel, der Name deines Buches. Suche dir einen schönen aus: „Wasser" oder „Wasser-Buch" oder „Tropfen" oder …
  Vergiss nicht, deinen Namen dazuzuschreiben!

Tipp:

Suche aus Lesebüchern oder Büchern aus der Wasser-Bücherei Texte zum Thema „Wasser" heraus, die dir gefallen. Schreibe sie ab oder gib sie deiner Lehrerin oder deinem Lehrer zum Kopieren. Wenn das alle in eurer Klasse machen, dann habt ihr bald eine richtige Wasser-Textsammlung zusammen. Am Ende könnt ihr all eure fertigen Wasser-Bücher ausstellen.

ISBN 978-3-8346-0198-8

Unsere Wasser-Bücherei

Sucht zu Hause alle Bilderbücher, Bücher und Bilder, die mit dem Thema Wasser zu tun haben. Das können auch Bücher über Piraten, Inseln oder Wassergeister sein. Oder über Regenwürmer, Frösche, Libellen. Denkt mal ein bisschen darüber nach, was alles mit Wasser zu tun haben könnte. Sammelt alle Bücher, die ihr dazu gefunden habt, in eurer Klasse.

Diese Bücher haben wir zum Thema Wasser gefunden:

____

____

____

____

____

Am besten fanden wir das Buch ______________________________, weil

____

____

____

____

Erstellt eine Wasser-Bücherei. Denkt daran, den Namen in eure Bücher auf die erste Seite zu schreiben, damit man immer weiß, wem welches Buch gehört. Aus dieser Klassen-Bücherei könnt ihr euch nun Bücher ausleihen, die euch interessieren. **Aber:** Zurückbringen nicht vergessen!

Tipps:

Macht eine Liste, in die ihr eintragt, wer welches Buch wann ausgeliehen hat. Sortiert eure Bücher in verschiedene Rubriken ein: zum Beispiel Sachtexte, Geschichten, Gedichte und so weiter. So könnt ihr euch besser in eurer Wasser-Bücherei zurechtfinden.

Das Wasser-Museum

Es gibt ganz viel verschiedene Arten von Wasser. Das werdet ihr feststellen, wenn ihr in der Klasse gemeinsam ein Wasser-Museum eröffnet. Dazu braucht ihr nur ein paar Gläser, am besten mit Schraubdeckel.

Sammelt in diesen Gläsern verschiedene Wasserproben:
Leitungswasser, Regenwasser, Sprudelwasser, Waschwasser, … euch fällt bestimmt noch mehr ein. Vergesst nicht, die Gläser mit kleinen Zettelchen zu bekleben. Darauf schreibt ihr, welches Wasser sich in dem Glas befindet und wann ihr es eingefüllt habt. Das ist wichtig zu wissen, weil sich das Wasser auch mit der Zeit verändert. Wenn ihr das Datum kennt, könnt ihr beobachten, was sich in einem bestimmten Zeitraum in dem Glas getan hat.

Mit eurem Wasser-Museum könnt ihr viele Dinge machen:

- Ihr könnt die verschiedenen Wasserproben vergleichen. Worin unterscheiden sie sich? Sehen sie gleich aus? Riechen sie unterschiedlich?
- Ihr könnt mit den Wasserproben auch ein Ratespiel machen. Dreht die Gläser so, dass die Zettelchen nach hinten zeigen. Wer kann raten, welches Wasser woher kommt? Woran kann man das erkennen?

Hast du es gewusst?
Der längste Fluss der Erde ist der afrikanische Nil mit einer Länge von 6 695 km.
Der höchste Wasserfall ist der Salto Angel in Venezuela (fast 1 000 m).

Achtung:
Das Wasser aus dem Wasser-Museum dürft ihr auf keinen Fall trinken! Denn in vielen Wasserproben können giftige Stoffe sein!

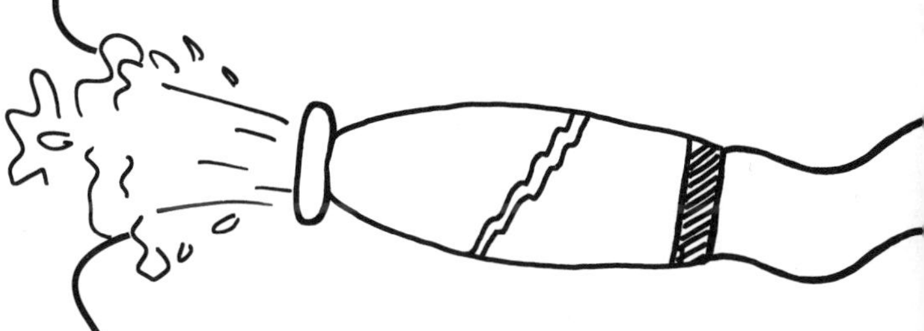

© Verlag an der Ruhr Postfach 10 22 51 45422 Mülheim an der Ruhr www.verlagruhr.de ISBN 978-3-8346-0198-8

Wasser-Fragen

Wasser-Vorarbeiten

Bevor du richtig in das Thema Wasser „eintauchst", solltest du das, was du schon zu dem Thema weißt, und das, was du gerne herausfinden möchtest, in deinem Wasser-Buch aufschreiben.

Wenn du deine Fragen und Kenntnisse mit denen deiner Mitschüler vergleichst, könnt ihr gemeinsam vielleicht schon erste Fragen klären.
Hier sind Fragen, die du fortsetzen kannst:

Warum hat Wasser so viele unterschiedliche Farben?

Woher kommen die Eisblumen?

Ist Hagel auch Regen?

Wohin geht das Wasser aus den Pfützen?

Warum schwimmt ein Schiff aus Eisen?

Atmen die Fische Wasser?

Wie tief kann man tauchen?

Gibt es Seeschlangen und Wasserungeheuer?

Wie kommt der Regen in die Wolken?

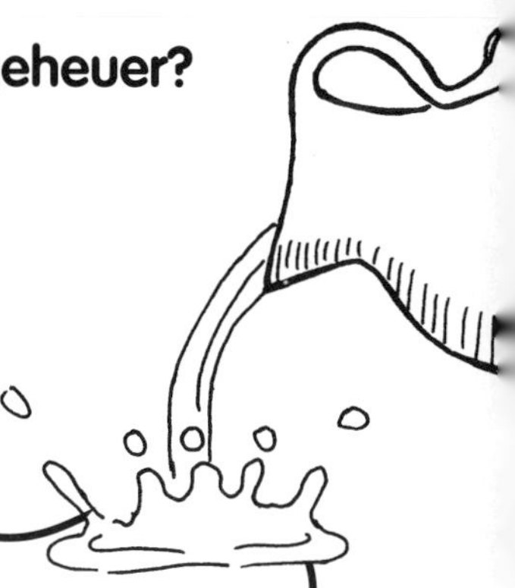

Tipp:

Schreibt die Fragen und Antworten zum Thema Wasser auf zwei Plakaten auf. So könnt ihr während eurer Arbeit an dem Thema immer mal wieder nachschauen, was ihr schon herausgefunden habt und was ihr noch herausfinden müsst. Beantwortete Fragen können zu dem Antworten-Plakat wandern. So werden es immer weniger Fragen und immer mehr Antworten.

Wasser-Klänge

Kreatives zum Thema Wasser

Welche Geräusche kann Wasser machen? Wenn du ein bisschen darüber nachdenkst, fallen dir bestimmt ganz schön viele ein!

Schreibe in der Tabelle auf, wo überall Wasser vorkommt und welche Geräusche es dabei macht. Rechts findest du eine Wörtersammlung, die dir helfen kann. Vergleiche deine Beschreibung mit denen deiner Mitschüler.

Wasser …
fließt - plätschert - murmelt - gurgelt - gluckst - rauscht - braust - brandet - tobt - wogt - tost - wallt - donnert - schäumt - reißt - verschlingt - spült - tropft - regnet - schüttet - fällt

Da kommt Wasser vor:	So hört es sich an:
Regen	
Dusche	
Toilettenspülung	
Bach	
Wasserfall	

Tipp:

Da sich die Wassergeräusche in Wirklichkeit viel besser anhören und man sie mit Worten auch nicht hundertprozentig beschreiben kann, könnt ihr sie auch aufnehmen.
Ein tragbarer Kassettenrekorder mit Mikrofon, eine leere Kassette und auf geht's zum Wassergeräuschesuchen: Die anderen müssen dann raten, um welche Wasserklänge es sich handelt.

 ISBN 978-3-8346-0198-8

Zum Weiterspinnen

Kreatives zum Thema Wasser

Wasser ist …

Was bedeutet Wasser für uns Menschen, für die anderen Lebewesen, für die Erde? Was bedeutet Wasser für dich?
Schreibe es auf – so wie hier in dem Beispiel – in dein Wasser-Buch.

Wasser ist
Wasser ist Leben
Wasser ist Wüste – Wasser ist Brühe
Wasser ist nass – Wasser ist unbändig
…

Was ist Wasser noch?

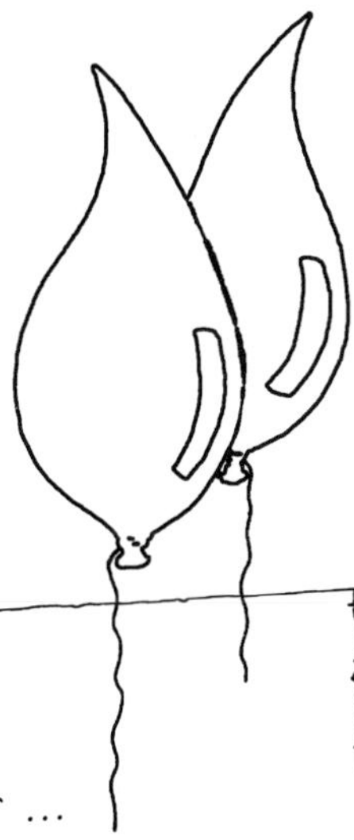

Wasserfantasien

Wasser schnulpt –
Wasser frimselt – Wasser …
Wassssserrr – Was? Sehr!
Himmelstropfenplitschwasser

(Er-)finde Fantasiewörter, Wortspiele, ganz lange Wörter und schreibe sie in dein Wasser-Buch.
Wer von euch hat das schönste, ungewöhnlichste, längste, komischste, … Wasser-Wort erfunden?

Hast du es gewusst?
Es gibt ganz viele Sprichwörter zum Wasser, zum Beispiel: „Steter Tropfen höhlt den Stein!" oder „Stille Wasser sind tief." Kannst du dir vorstellen, was damit gemeint ist?

Tipp:
Schreibt eure „Wasser ist …"-Gedichte und eure „Wasserfantasien" auf schönes Papier und gestaltet sie mit Verzierungen, Bildern und Schmuckrahmen. Hängt sie in der Klasse auf oder stellt einen Sammelband zusammen.

Tauchmuster

Kreatives zum Thema Wasser

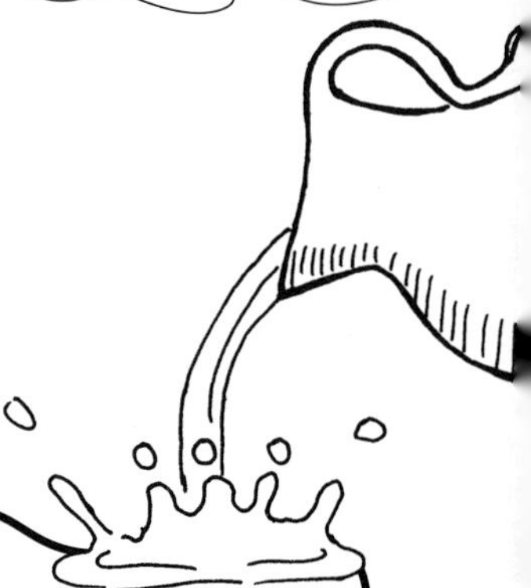

Papier saugt Wasser auf. Das hast du sicherlich schon einmal beobachtet – zum Beispiel beim Küchenpapier. Das saugt Wasser und andere Flüssigkeiten ganz besonders gut auf. Diesen Effekt kannst du nutzen, um tolle **Muster** auf dem Papier zu erzeugen.

- **Das brauchst du:**
  Lebensmittelfarben,
  Schüsseln,
  Zeitungspapier,
  Gummihandschuhe und Schürze,
  gut saugendes Papier (zum Beispiel Seidenpapier, Küchenpapier, zur Not tun es auch Papiertaschentücher),
  Handtücher.

- **So geht es:**
  Lege deinen Arbeitsplatz mit Zeitungspapier aus. Am besten ziehst du dir auch Gummihandschuhe an und bindest dir eine Schürze um, denn Lebensmittelfarbe färbt und du kannst dich schnell schmutzig machen.
  Für jede Farbe, die du verwendest, brauchst du eine kleine Schüssel. Diese füllst du mit Wasser und gibst die Lebensmittelfarbe hinzu.
  Falte das Papier, wie auf der Abbildung zu sehen, so, dass ein Dreieck herauskommt:

Tauche jetzt jede Ecke in eine andere Farbe. Falte das Papier auf und schon kannst du ein einzigartiges Tauchmuster bestaunen. Bevor du es mit nach Hause nimmst, musst du es aber erst noch gut trocknen lassen.

Tipp:

Du kannst tolle Effekte erzielen, wenn du das Papier länger in die Farbe tauchst. Dann kriecht die Farbe noch höher in das Papier. Aber aufgepasst, wenn das Papier zu nass wird, lässt es sich sehr schlecht öffnen. Es könnte zerreißen. Lass es lieber erst einmal trocknen.

Natürlich kann man das Papier auch noch anders falten und dabei tolle Muster erzeugen. Hier sind noch zwei Vorschläge:

a)

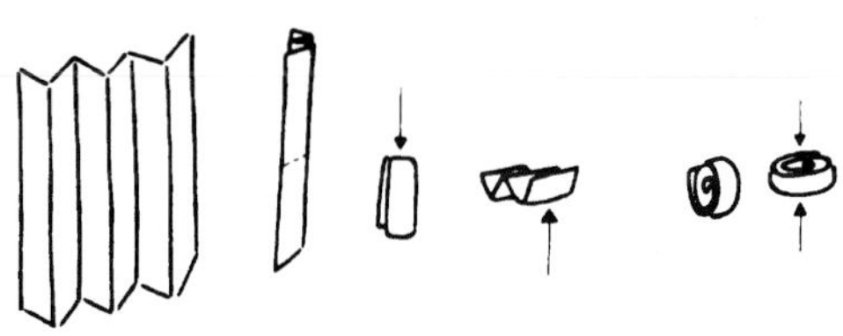

b)

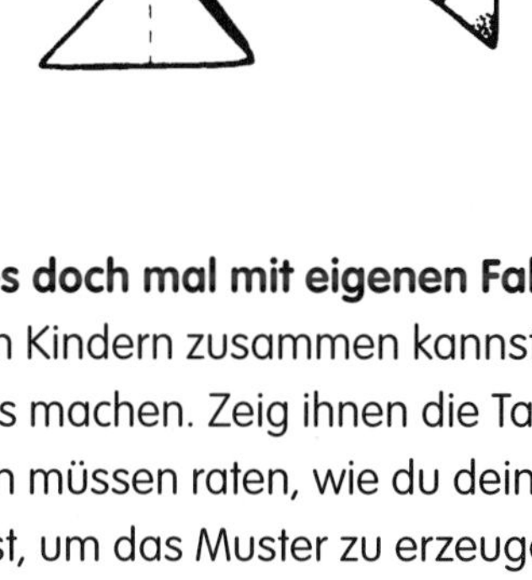

Versuche es doch mal mit eigenen Falt-Ideen.
Mit anderen Kindern zusammen kannst du auch ein Spiel daraus machen. Zeig ihnen die Tauchmuster. Die anderen müssen raten, wie du dein Papier gefaltet hast, um das Muster zu erzeugen.

Wassertiere zeichnen

Tiere zu zeichnen, ist ganz schön schwierig. Mit ein paar Tricks lassen sie sich aber ganz einfach zu Papier bringen. Unten findest du Zeichentricks für einige Tiere, die im und am Wasser leben.
Wal und Gans kannst du ganz einfach aus den Grundelementen Kreis, Viereck und Dreieck zusammensetzen.

- **So geht es:**
  Die Grundformen zeichnest du am besten mit Bleistift vor. Wahrscheinlich wirst du am Anfang noch ein bisschen herumprobieren müssen, bevor es dir gelingt, aus den einzelnen Grundelementen den Umriss der Tiere zu entwickeln. Mit etwas Übung findest du aber schnell heraus, welche Tiere sich aus welchen Grundelementen zusammensetzen lassen und wie sich die Umrisse daraus ableiten.

Erst wenn du die Umrisse des Tieres komplett gezeichnet hast, solltest du sie mit Tinte, Tusche oder Filzstift nachziehen.
Danach kannst du die Tiere bunt ausmalen.

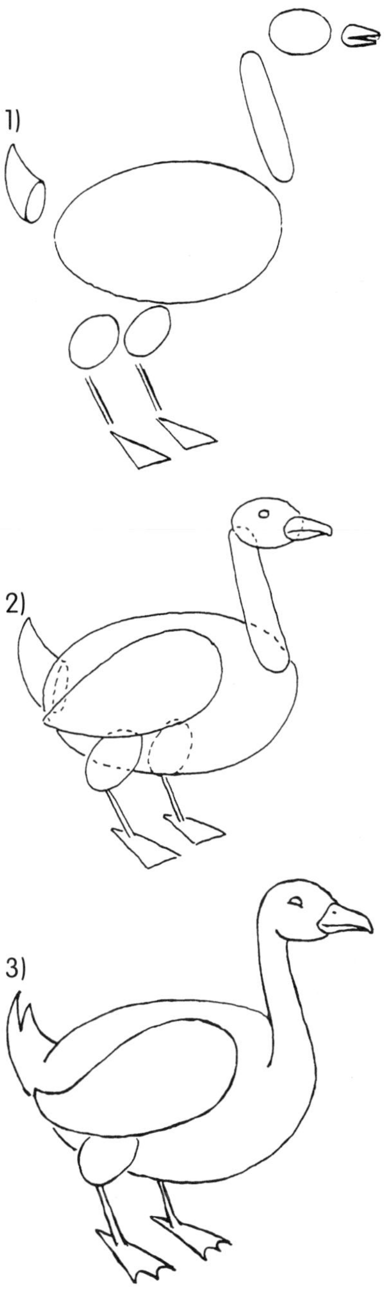

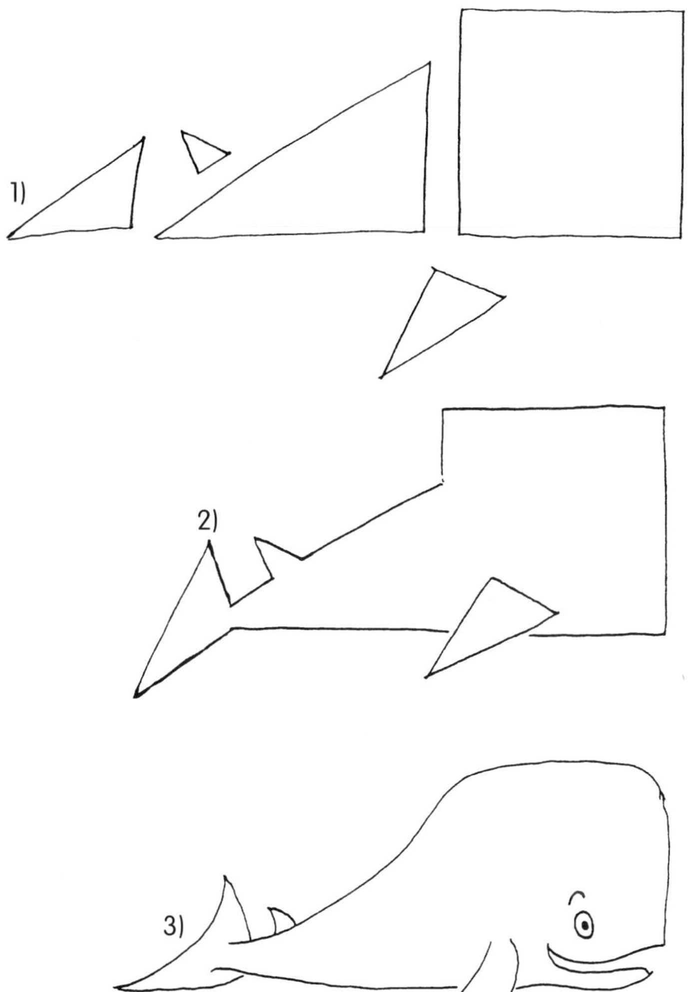

© Verlag an der Ruhr · Postfach 10 22 51 · 45422 Mülheim an der Ruhr · www.verlagruhr.de · ISBN 978-3-8346-0198-8

Wasserskulpturen (1/2)

Wenn Wassertropfen zurück ins Wasser fallen, entstehen atemberaubend schöne Gebilde. Voraussetzung ist, dass der Fotograf im richtigen Moment das Foto macht und abdrückt. Auf dieser und der nächsten Seite siehst du zwei Wasserskulpturen. Schau sie dir in Ruhe an. Woran erinnern dich die Skulpturen? Finde für jedes Bild einen passenden Namen.

Bild 1: ______________________________

© Verlag an der Ruhr · Postfach 10 22 51 · 45422 Mülheim an der Ruhr · www.verlagruhr.de · ISBN 978-3-8346-0198-8

Wasserskulpturen (2/2)

Bild 2: ____

www.liquidsculpture.com
© 2006 Martin Waugh

Tipp:

Haben dir die Wasserskulpturen gefallen? Dann schau doch einmal unter der Internetadresse **www.liquidsculpture.com** nach. Hier findest du noch viele weitere faszinierende Fotos von dem Fotografen Martin Waugh. Schau nach, wie *er* die beiden Bilder oben benannt hat.

Der Handschuh-Test

Handschuhe halten im Winter schön warm – aber können sie auch die Hände trocken halten? Bei dem folgenden Versuch könnt ihr verschiedene Handschuhe daraufhin testen.

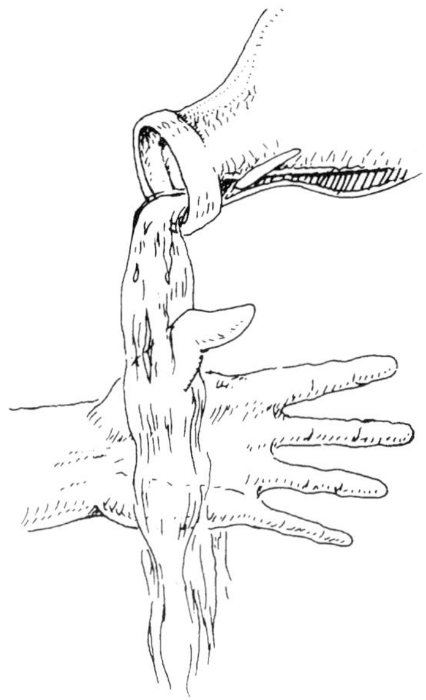

Das braucht ihr:
Viele verschiedene Handschuhe (aus Wolle, aus Leder, Gummi oder Stoff),
eine Schüssel oder einen Eimer mit Wasser,
einen Messbecher und eine leere Schüssel,
Wasser,
Handtücher zum Abtrocknen der Hände und Trockentücher zum Beseitigen kleiner „Überflutungen".

So geht es:
Probiert nacheinander verschiedene Handschuhe an und fasst damit ins Wasser.

- Welche Handschuhe lassen das Wasser durch?
- Welche saugen am meisten Wasser auf?
- Wringt die Handschuhe aus und fangt das ausgewrungene Wasser in dem Messbecher auf.
- Fühlen sich die nassen Handschuhe unterschiedlich an?
- Fasst noch einmal zur Kontrolle mit der nackten Hand ins Wasser. Wie ist der Unterschied zwischen Hand in nassem Handschuh, Hand in wasserundurchlässigem Handschuh und nackter Hand im Wasser?

Legt eine Tabelle wie diese an und haltet eure Beobachtungen darin fest:

Material	hält trocken? ja/nein	Wie viel Wasser hat der Handschuh aufgesogen?

Überlegt gemeinsam, welche Handschuhe wofür gebraucht werden und aus welchem Material sie hergestellt wurden. Müssen sie für ihren Verwendungszweck wasserundurchlässig sein? Haltet eure Beobachtungen in einer zweiten Tabelle fest.

Handschuh	Material	Verwendung	Muss wasserundurchlässig sein? ja/nein	Begründung

 ISBN 978-3-8346-0198-8

Der Wasser-Fühl-Test

Wie fühlt sich Wasser auf der Haut an? Zunächst einmal nur nass. Aber denkt mal darüber nach, wie es ist, unter der Dusche zu stehen oder unter einem Wasserfall. Wie fühlt sich ein Sommerregen an und wie ein plätschernder Bach?

Probiert verschiedene Gegenstände aus, mit denen sich Wasser auffangen, transportieren und schütten lässt, und lasst das Wasser tropfen, plätschern, schütten, spritzen und was euch sonst noch einfällt.

Das braucht ihr:

Schüsseln,
verschiedene Behältnisse und Geräte
(zum Beispiel Flaschen mit verschieden großen Öffnungen und aus verschiedenen Materialien; Schläuche; Siebe; Tücher, die Wasser aufsaugen können; Becher; Teller; Wasserpistolen; …
– und eure Hände),
Wasser,
Handtücher zum Abtrocknen der Hände und Trockentücher zum Beseitigen kleiner „Überflutungen".

So geht es:

Probiert nacheinander die verschiedenen Geräte und Gegenstände aus und lasst das Wasser tropfen, plätschern, schütten, spritzen.
Prüft, welche Dinge sich dafür eignen.
Fangt das Wasser dabei in einer Schüssel auf.

Haltet dann im zweiten Schritt eure Hände darunter, wenn ihr mit den Gegenständen und dem Wasser experimentiert.

Beobachtet:

- Wie unterschiedlich fühlt sich Wasser an?
- Wie ist es zum Beispiel, wenn es in feinen Tropfen fällt, und wie fühlt es sich an, wenn Wasser in einem geraden Strahl spritzt?

Überlegt gemeinsam, warum sich Wasser unterschiedlich anfühlt, wenn man es unterschiedlich behandelt. Sprecht darüber, wo diese Eigenschaft von Wasser nützlich ist und wo und wem sie schaden kann.

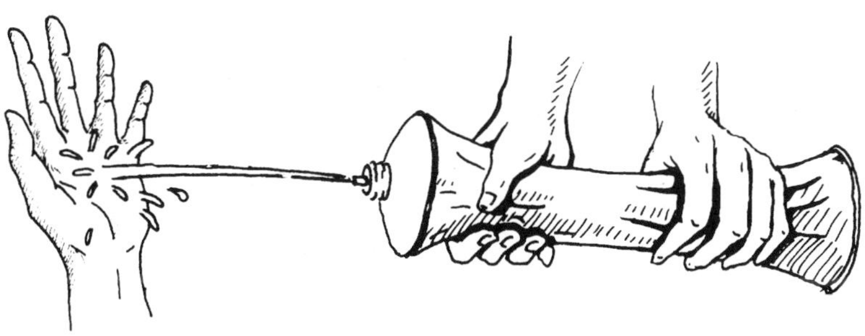

Wasser hören

Wasser kann alle möglichen Geräusche erzeugen, je nachdem, was man damit anstellt. Denk zum Beispiel an einen tropfenden Wasserhahn oder einen reißenden Fluss. Jedes Mal klingt Wasser anders.

Überlege einmal, wie sich Wasser verhält und welche Geräusche es erzeugen kann. Leg dazu eine Liste wie diese an.

Was (man mit) Wasser macht	Geräusche, die dabei entstehen

Welche Wasser-Geräusche kannst du mit dem Mund nachahmen? Probiere es einmal mit einem Strohhalm aus.

- **Das brauchst du:**
  zwei Gefäße, einen Strohhalm, Sand und Wasser, Handtücher zum Abtrocknen der Hände und Trockentücher zum Beseitigen kleiner „Überflutungen".

- **So geht es:**
  Halte den Strohhalm ins Wasser und puste über die obere Kante. Durch unterschiedlich tiefes Eintauchen des Strohhalms entstehen unterschiedliche Geräusche.
  - Verändere die Eintauchtiefe des Strohhalms.
  - Probiere es auch mal mit Sand statt Wasser aus oder mit einem leeren Behälter. Was verändert sich?
  - Puste nicht über die obere Kante, sondern direkt in den Strohhalm hinein.

ISBN 978-3-8346-0198-8

Tropfen machen

Wasser fließt. Man kann es nicht ohne ein Gefäß transportieren, oder? Es geht schon, aber dazu müsste man es Tropfen für Tropfen befördern.
Probiert das in dem folgenden Experiment aus.

Knickt die Erklärung „Wissen" unten auf der Seite nach hinten um.
Lest euch die Versuchsanleitung genau durch.
Nehmt euch einen Versuchsbogen und schreibt eure Vermutungen vor dem Versuch auf.
Führt den Versuch durch und notiert eure Beobachtungen und Erklärungsversuche.
Lest euch danach die Erklärungen unten auf der Seite durch.

Das braucht ihr:
ein Gefäß mit Wasser, eine Pipette (Saugröhrchen), einen Strohhalm, einen angespitzten Bleistift, ein Lineal, ein Blatt Papier, ein kleines Ästchen, ein Stück Stoff, einen Spiegel oder ein Objektträgerglas, Handtücher zum Abtrocknen der Hände und Trockentücher zum Beseitigen kleiner „Überflutungen".

So geht es:
Versucht aus einem Gefäß voll Wasser nacheinander mit den verschiedenen Dingen einen Tropfen herauszuholen. Befördert den Tropfen damit auf einen Spiegel oder ein Objektträgerglas. Prüft, welche Gegenstände sich dafür eignen und welche nicht und welche Methode die beste ist. Schreibt eure Vermutungen und Beobachtungen in dem Versuchsbogen auf.

Probiert auch das aus:
- Wer kann den größten Tropfen erzeugen?
- Wer kann einen Tropfen am weitesten transportieren?
- Setzt die Tropfen auf verschiedene Oberflächen (bedrucktes Papier, Stoff, Kunststoff, Holz, ...). Was passiert mit den Tropfen? Was passiert mit dem Untergrund?

Wissen:

Ein Wassertropfen entsteht, da die Oberfläche des Wasser „gespannt" ist. Man kann sich die Oberfläche des Wassers wie eine Frischhaltefolie vorstellen, die straff gespannt ist. Durch diese Oberflächenspannung kann ein bisschen Wasser zusammengehalten werden und es entstehen Tropfen. Je größer der Tropfen ist, desto schwieriger ist es, ihn zusammenzuhalten. Die Oberflächenspannung reicht dafür nicht aus. Manche Tiere nutzen die Oberflächenspannung des Wassers aus. Der Wasserläufer zum Beispiel ist ein Insekt, das auf dem Wasser laufen kann, weil die Oberflächenspannung des Wassers ihn trägt.

Flüssigkeiten untersuchen

Die meisten Flüssigkeiten bestehen zu großen Anteilen aus Wasser. Wasser wirkt wie ein Lösungsmittel. Bestimmte Stoffe lösen sich darin auf und ergeben also zusammen mit dem Wasser eine sogenannte **Lösung**. Ob es sich um reines Wasser oder eine andere Flüssigkeit handelt, kann man unter anderem am Geruch und am Aussehen unterscheiden. Natürlich auch am Geschmack. Aber das sollte man nicht ausprobieren, denn manche Flüssigkeiten schmecken nicht nur schlecht, sondern sind sogar giftig!

Achtung:

1) Riecht nie an Flüssigkeiten, die ihr nicht kennt. Sie können für eure Gesundheit gefährlich sein.

2) Trinkt nie irgendetwas, bevor ihr nicht genau wisst, dass es harmlos für euch ist. Fragt im Zweifelsfall immer eure Lehrerin, euren Lehrer oder eure Eltern!

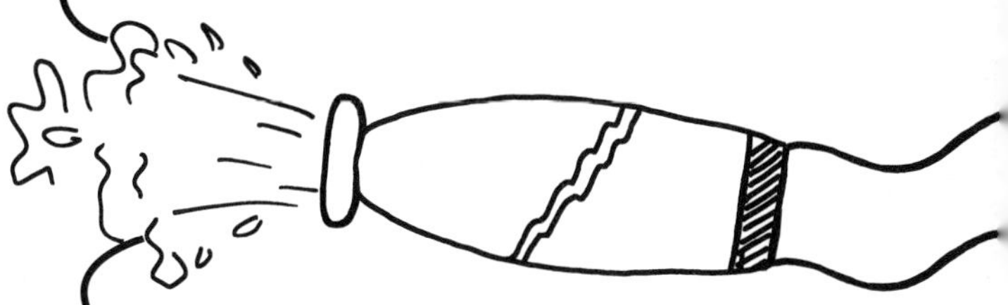

Vergleicht das Aussehen, den Geruch und die Konsistenz (das heißt, die Dickflüssigkeit) verschiedener Flüssigkeiten.

Das braucht ihr:
durchsichtige Gefäße (am besten Gläser mit Schraubdeckel) mit verschiedenen Flüssigkeiten, zum Beispiel:
Leitungswasser, Speiseöl, Essig, verschiedene Tees, verschiedene Säfte, Zuckerlösung, Kochsalzlösung, Spülmittel, eine Pipette (Saugröhrchen), Handtücher zum Abtrocknen der Hände und Trockentücher zum Beseitigen kleiner „Überflutungen".

So geht es:
Untersucht die verschiedenen Flüssigkeiten. Erstellt eine Tabelle wie unten und tragt eure Ergebnisse darin ein. Die folgenden Begriffe können euch helfen:

Geruch: beißend, stark, schwach, anhaltend, durchdringend, angenehm, unangenehm, fruchtig, blumig, tranig, faulig, modrig, süßlich, riecht nach …/riecht wie …
Aussehen: milchig, weißlich, gelblich, bräunlich, klar, durchsichtig, trüb, schmutzig, unrein
Konsitenz: wässrig, dünnflüssig, dickflüssig, dicklich, sämig, zäh, klebrig, teigig, breiig, pappig

Flüssigkeit	Geruch	Farbe/Aussehen	Konsistenz
Wasser	riecht nicht	klar, durchsichtig	wässrig, dünnflüssig
Speiseöl	schwach, tranig	klar, gelblich	

Wasser schmecken

Wasser schmeckt ... – nach gar nichts? Gar nicht!
Auch beim Wasser gibt es Geschmacksunterschiede und das nicht nur bei Sprudelwasser mit verschiedenen Geschmacksrichtungen.
Probiert es selbst einmal aus.

Das braucht ihr:

Verschiedene Wassersorten:
Leitungswasser, Sprudelwasser, abgekochtes Wasser, Sprudelwasser mit Geschmack (Zitrone, Orange, Johannisbeere und so weiter), Zuckerwasser (2 Teelöffel Zucker pro Glas/Becher), Salzwasser (2 Teelöffel Salz pro Glas/Becher), Trinkgläser oder Plastiktrinkbecher, kleine Zettel zum Beschriften, Handtücher zum Abtrocknen der Hände und Trockentücher zum Beseitigen kleiner „Überflutungen".

So geht es:

Einer von euch füllt die verschiedenen Wassersorten in Gläser und beschriftet kleine Zettel mit der Bezeichnung des Wassers.
Die Zettelchen werden umgedreht unter die Trinkproben gelegt.
Der Partner versucht nun, durch Schmecken die verschiedenen Wassersorten zu erkennen. Anschließend tauscht ihr.
Wer konnte die meisten Sorten auseinanderhalten?

Wissen:

Wasser enthält verschiedene Spurenelemente (das sind chemische Stoffe, die in ganz kleinen Mengen vorkommen), wie Eisen, Fluor, Zink, Kupfer, Jod und andere. Je nachdem, wie viel das Wasser von dem jeweiligen Stoff enthält, kann es unterschiedlich schmecken. Im Leitungswasser kommen auch winzig kleine Mengen von Schmutzteilchen vor (für uns ungefährlich), daher schmeckt das Wasser auch immer wieder etwas anders. In Sprudelabfüllanlagen werden manchen Sprudelsorten auch Aromen hinzugefügt. Der Sprudel bleibt dann klar, hat aber trotzdem eine bestimmte Geschmacksrichtung.

Die Zustandsformen

Wasser ist nicht immer nur flüssig. Das Faszinierende an dieser Flüssigkeit ist, dass es sie in verschiedenen Formen gibt.

Trage unter die Bilder die passenden Begriffe ein:

Wasserdampf - Eis - Wasser

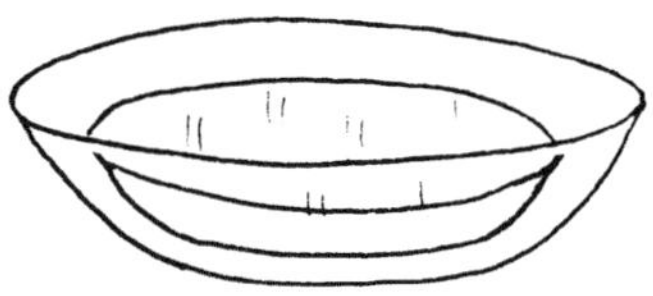

Trage neben die Pfeile den Begriff für den Vorgang ein:

schmelzen - verdampfen/verdunsten
gefrieren - verflüssigen (kondensieren)

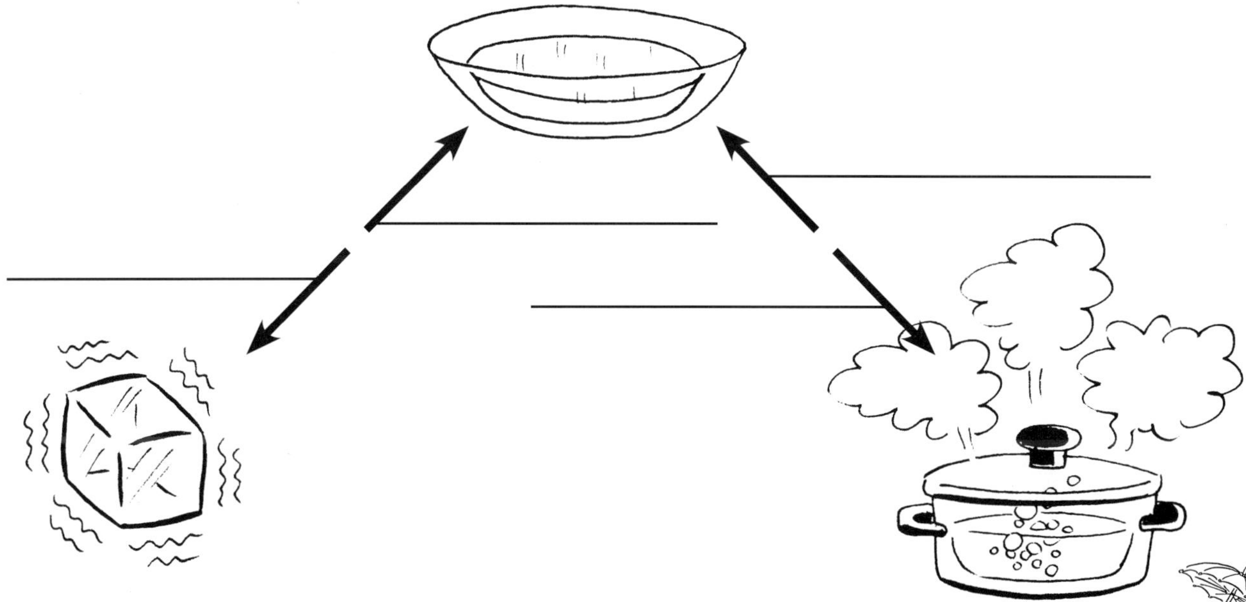

Selbstgemachter Regen

Regen im Haus? Du kannst ihn selbst erzeugen – mit einem Topf auf der Herdplatte!

Vorsicht:
Die Platte und der Wasserdampf sind sehr heiß. Lass dir von einem Erwachsenen helfen!

Knicke die Erklärung „Wissen" unten auf der Seite nach hinten um.
Lies dir die Versuchsanleitung genau durch.
Nimm dir einen Versuchsbogen und schreibe deine Vermutungen vor dem Versuch auf.
Führe den Versuch durch und notiere deine Beobachtungen und Erklärungsversuche.
Lies dir danach die Erklärungen unten auf der Seite durch.

Das brauchst du:
einen Topf,
Wasser,
eine hitzebeständige Glasplatte oder einen Glas-Topfdeckel,
einen Topflappen-Handschuh.

So geht es:
1) Fülle den Topf mit Wasser.
2) Stelle ihn auf die Herdplatte und bringe das Wasser zum Kochen.
3) Halte die Glasplatte mit dem Topflappen-Handschuh ein Stück über den Topf.
4) Beobachte genau, was passiert.

Wissen:

Wasser beginnt bei 100 °C zu kochen. Wenn es weiter erhitzt wird, bildet sich Wasserdampf. Dieser Wasserdampf steigt nach oben und trifft auf die (kühlere) Glasplatte. Dabei kühlt er sich ab und bildet sich zurück zu flüssigem Wasser – der Wasserdampf kondensiert. Es entstehen kleine Tröpfchen an der Glasscheibe, die wie Regen zurück in den Topf fallen.
Wenn Flüssigkeiten verdunsten, müssen ihre Teilchen voneinander gelöst werden. Dafür braucht man Energie. Deshalb muss man Wasser erhitzen, damit Wasserdampf entstehen kann. Wenn Wasser wieder flüssig wird, ballen sich die Wasserteilchen zusammen.

Wasser kann wachsen

Knicke die Erklärung „Wissen" unten auf der Seite nach hinten um. Lies dir die Versuchsanleitung genau durch. Nimm dir einen Versuchsbogen und schreibe deine Vermutungen vor dem Versuch auf. Führe den Versuch durch und notiere deine Beobachtungen und Erklärungsversuche. Lies dir danach die Erklärungen unten auf der Seite durch.

- **Das brauchst du:**
  einen durchsichtigen Becher,
  Wasser,
  einen wasserfesten Stift,
  ein Maßband oder Lineal.

- **So geht es:**
  1) Fülle den Becher ungefähr bis zur Hälfte mit Wasser.
  2) Markiere den Wasserstand mit dem Stift am Becher.
  3) Stelle den Becher in den Gefrierschrank und warte, bis das Wasser gefroren ist. Das dauert einige Stunden.
  4) Markiere die Höhe des Eises mit dem Stift am Becher.
  5) Miss nach: Um wie viel cm ist das Wasser im Becher gewachsen?
     Es ist um ________ cm gewachsen.
  6) Beobachte, was passiert, wenn das Wasser wieder schmilzt.

Überlege:
Warum darf man eine volle Glasflasche Wasser nicht in den Gefrierschrank legen? **Achtung**: Probiere es nicht aus!

Wissen:

Wasser besteht aus Wasserteilchen. Beim flüssigen Wasser sind diese Wasserteilchen dicht zusammen. Wenn das Wasser gefriert, bilden die Teilchen eine Kristallstruktur. Das kannst du zum Beispiel an Eisblumen an Fenstern sehen, wenn dort Wasser gefroren ist. Diese Kristallstruktur braucht mehr Platz als flüssiges Wasser. Die Wasserteilchen sind also weiter voneinander entfernt. Deshalb dehnt Wasser sich aus, wenn es zu Eis gefriert.

Hast du es gewusst?
Vergleichst du Wasser mit anderen Flüssigkeiten, wirst du feststellen, dass Wasser eine besondere Eigenschaft hat. Wenn es gefriert, dehnt es sich aus. Dabei entwickelt es eine solche Kraft, dass es alles wegsprengt, was es einengt: Glasflaschen im Gefrierfach und sogar den Asphalt auf der Straße!

Eiswürfel angeln

Knicke die Erklärung „Wissen" unten auf der Seite nach hinten um. Lies dir die Versuchsanleitung genau durch. Nimm dir einen Versuchsbogen und schreibe deine Vermutungen vor dem Versuch auf. Führe den Versuch durch und notiere deine Beobachtungen und Erklärungsversuche. Lies dir danach die Erklärungen unten auf der Seite durch.

Diesen Versuch kannst du deinen Freunden als Zaubertrick vorführen!

Das brauchst du:
Eiswürfel, etwas Salz,
einen Stift, Bindfaden.

So geht es:

1) Binde das eine Ende des Fadens an den Stift. Fertig ist deine Angel!
2) Streue eine kleine Menge Salz auf den Eiswürfel.
3) Lege das Ende der Angelschnur auf die salzige Stelle.
4) Nach kurzer Zeit kannst du die Angel hochheben: Der Eiswürfel hängt an deiner Angel!
5) Betrachte den Eiswürfel und das Ende der Angelschnur genau. Was ist passiert?

Überlege:
Im Winter wird oft Salz auf Straßen und Wegen gestreut. Das ist schädlich für die Umwelt. Warum machen es trotzdem viele Leute? Gibt es andere Möglichkeiten?

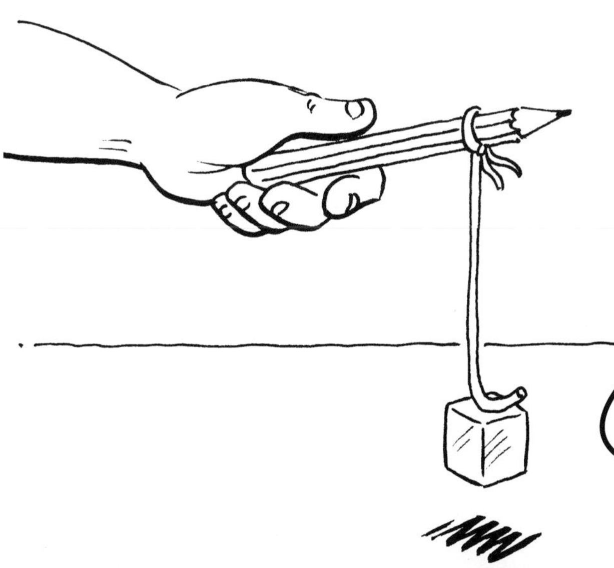

Hast du es gewusst?
Viele Eskimos leben in einem Haus aus gefrorenem Wasser: dem Iglu. Ist es darin nicht zu kalt? Nein. In einem Iglu haben die Bewohner immer Plusgrade. Der Grund: Ihr Schlafplatz ist höher gelegen als der Eingang, sodass die warme Luft im Iglu gefangen ist. Auch wenn es draußen bitter kalt ist, in einem Iglu kann es bis zu 50 Grad wärmer sein als außerhalb!

Wissen:

Eis schmilzt normalerweise bei Temperaturen über null Grad. Das Salz sorgt jedoch dafür, dass das Eis schon bei einer etwas niedrigeren Temperatur schmilzt. Deshalb beginnt der Eiswürfel an der Stelle, auf die du das Salz gestreut hast, zu schmelzen. Je mehr Eis aber schmilzt und zu Wasser wird, umso mehr wird das Salz verdünnt. Nach kurzer Zeit ist das Salz sehr verdünnt, darum friert das Wasser wieder am Eiswürfel fest.
Die Angelschnur, die ja genau auf dieser Stelle liegt, friert mit dem Wasser am Eiswürfel an.

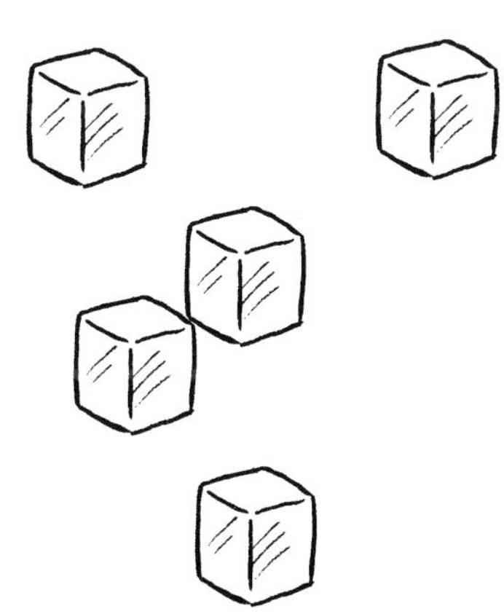

Der wachsende Tropfstein

Versuch

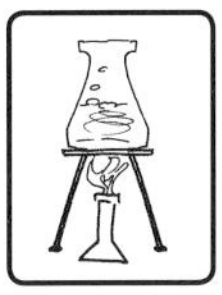

Knicke die Erklärung „Wissen" unten auf der Seite nach hinten um. Lies dir die Versuchsanleitung genau durch. Nimm dir einen Versuchsbogen und schreibe deine Vermutungen vor dem Versuch auf. Führe den Versuch durch und notiere deine Beobachtungen und Erklärungsversuche. Lies dir danach die Erklärungen unten auf der Seite durch.

Das brauchst du:

zwei Gläser,
warmes Wasser,
Soda (aus der Apotheke),
einen Wollfaden (ca. 20 cm),
zwei Büroklammern,
einen Löffel,
eine flache Schale oder Untertasse.

So geht es:

1) Fülle beide Gläser mit warmem Wasser.
2) Rühre soviel Soda in das Wasser ein, dass es sich nicht mehr auflöst. (Das nennt man „gesättigt".)
3) Binde an jedes Ende des Wollfadens eine Büroklammer.
4) Stelle die beiden Gläser so hin, dass zwischen sie die Schale oder Untertasse passt.
5) Hänge je ein Faden-Ende mit der Büroklammer in die Gläser.

Nun brauchst du einige Tage Geduld. Dann beginnt an dem Faden ein kleiner Tropfstein zu wachsen und von der Schale wächst ein Tropfstein in Richtung Faden hinauf.

Zeichne die Form deiner Tropfsteine auf ein Blatt Papier. Finde heraus, was ein Stalagnat ist.
Du kannst im Lexikon oder im Internet suchen.

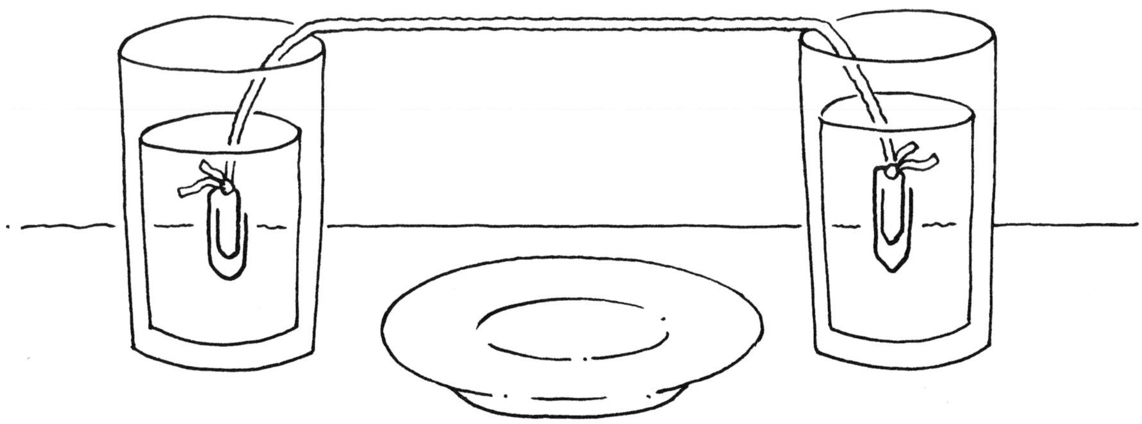

Wissen:

Der Wollfaden saugt sich mit Wasser voll. An der Oberfläche des Fadens verdunstet Wasser, dabei setzt sich das im Wasser gelöste Soda ab. Je mehr Wasser verdunstet, umso mehr Soda setzt sich ab. Dadurch entsteht nach einiger Zeit ein kleiner Tropfstein, ein Stalaktit. Der Faden saugt so viel Wasser auf, dass immer wieder Wasser auf die Untertasse tropft. Wenn dieses Wasser verdunstet, bildet sich auch auf der Untertasse ein Tropfstein aus getrocknetem Sodawasser, der langsam nach oben wächst. Man nennt ihn Stalagmit.

 · ISBN 978-3-8346-0198-8

Was schwimmt?

Schwimmen und Sinken

Versuch

Probiert aus, welche Dinge schwimmen und welche im Wasser untergehen. Untersucht dazu ganz viele Gegenstände, die ihr im Alltag kennt und benutzt, und testet sie auf ihre Wassertauglichkeit.

Das braucht ihr:
eine große Schüssel oder ein Becken, Wasser, verschiedene Gegenstände: zum Beispiel Steine, Bälle aus verschiedenem Material, Seife, Radiergummi, Bleistift, Korken, Schlüssel, Geldstücke, Löffel, Flaschenverschlüsse, Metallringe, Schrauben, Holzstücke, Knete, Plastikbecher, Schwamm, Papier usw.
Handtücher zum Abtrocknen und Trockentücher zum Beseitigen kleiner „Überschwemmungen".

So geht es:
1) Stellt Vermutungen darüber an, welche Gegenstände im Wasser schwimmen und welche sinken werden.
2) Notiert eure Vermutungen in der Tabelle.
3) Probiert aus, welche Dinge tatsächlich schwimmen und welche nicht.
4) Tragt die Ergebnisse in die Tabelle ein.

Gegenstand	Vermutung schwimmt/sinkt	Ergebnis
Stein	sinkt	sinkt
Korken	schwimmt	schwimmt

Hast du es gewusst?
Bei uns verbraucht jeder Bürger durchschnittlich 126 Liter Trinkwasser pro Tag. Das ist fast eine Badewanne voll Wasser. Von den 126 Litern trinken wir höchstens 1 bis 2 Liter. Am meisten verbrauchen wir für die Toilettenspülung und fürs Baden oder Duschen.

Versuche, herauszufinden, warum einige Dinge schwimmen und andere nicht. Was haben die Dinge, die schwimmen, gemeinsam?
Antworten findest du im Infotext „Warum schwimmen Schiffe?" (Seite 34).

© Verlag an der Ruhr ✧ Postfach 10 22 51 ✧ 45422 Mülheim an der Ruhr ✧ www.verlagruhr.de ✧ ISBN 978-3-8346-0198-8

Schwimmendes Ei

Inga kann zaubern! Sie macht es ganz spannend. Vor ihr stehen zwei Schalen voll Wasser. In der Hand hat sie ein rohes Ei: „Nun guck mal“, sagt sie zu Lucas. Sie legt das Ei in eine Schale und es sinkt auf den Boden. „Wetten, dass ich es mit meinem Zauberpulver schaffe, dass das Ei schwimmt?“ Sie nimmt einen Teelöffel weißen Pulvers aus einem Glas und rührt es in die andere Schale. „Abrakadabra!“, sagt sie und legt das Ei in die Schale mit dem Zauberpulver. Tatsächlich, es schwimmt. „Zauberei“, denkt Lucas. Aber dann probiert er was von dem weißen Zauberpulver. Er verzieht das Gesicht. „Du hast mich reingelegt“, ruft er und stürzt hinter Inga her, die lachend aus der Küche läuft.

Was ist das Zauberpulver?

Fische können

Heißes Wasser wird zu

Ein großer Bach ist ein

Bei einem Gewitter gibt es Donner und

Das Zauberpulver ist ____________________.

Du kannst den Trick wiederholen und andere verblüffen!

Das brauchst du:
ein rohes Ei,
2 Schüsseln mit Wasser,
einige Löffel Zauberpulver,
Handtücher zum Abtrocknen und Trockentücher zum Beseitigen kleiner „Überschwemmungen“.

Tipp:
Führe den Trick Kindern aus anderen Klassen vor!

Eisen sinkt?

Eine Eisenkugel sinkt. Aber warum sinken dann die großen Schiffe nicht, die ja fast nur aus Eisen gemacht sind?

Knicke die Erklärung „Wissen" unten auf der Seite nach hinten um. Lies dir die Versuchsanleitung genau durch. Nimm dir einen Versuchsbogen und schreibe deine Vermutungen vor dem Versuch auf. Führe den Versuch durch und notiere deine Beobachtungen und Erklärungsversuche.
Lies dir danach die Erklärungen unten auf der Seite durch.

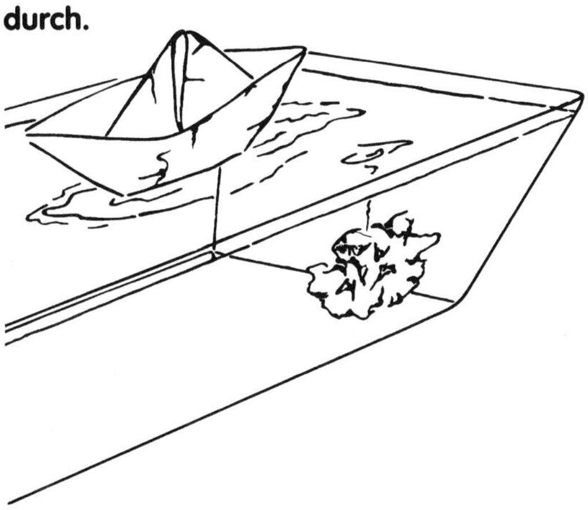

Das brauchst du:
eine Schale oder Wanne,
Wasser,
Alufolie,
eine Schere,
Handtücher zum Abtrocknen und Trockentücher zum Beseitigen kleiner „Überschwemmungen".

So geht es:
1) Schneide die Alufolie in mehrere gleich große Rechtecke.
2) Nimm ein Stück Alufolie und falte ein Schiffchen daraus.
3) Nimm ein anderes Stück Alufolie und knülle es zu einer Kugel zusammen.
4) Falte oder forme die übrigen Stücke so, wie du willst.
5) Setze dein Schiffchen, die Kugel und die anderen Formen aufs Wasser.
6) Zeichne eine Tabelle wie diese hier. Zeichne die unterschiedlichen Formen in die Tabelle und kreuze an, ob sie schwimmen oder sinken.

Form	schwimmt/sinkt

Wissen:

Warum schwimmt die Alufolie als Schiffchen, aber nicht als Kugel? Gegenstände werden im Wasser umso mehr nach oben gedrückt, je größer und leichter sie sind. Das nennt man Auftrieb. Durch den Auftrieb können Dinge schwimmen. Die Alufolienstücke sind gleich schwer, aber durch die unterschiedlichen Formen haben sie verschiedene Größen. Deshalb sinkt die kleinere Kugel, aber das größere Schiffchen kann schwimmen.
Lies dazu auch den Text „Warum schwimmen Schiffe?" (Seite 34).

Tipp:

Versuche, mit deinem Alu-Boot so viele Murmeln, wie es geht, zu transportieren. Baue das Boot um, sodass es noch mehr Murmeln tragen kann.

© Verlag an der Ruhr • Postfach 10 22 51 • 45422 Mülheim an der Ruhr • www.verlagruhr.de • ISBN 978-3-8346-0198-8

Holz schwimmt?

Probiert aus, ob Holz immer schwimmt oder ob es dabei auch Unterschiede gibt.

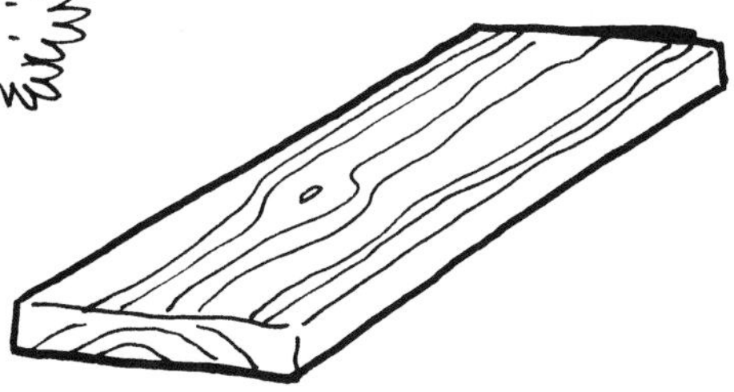

- **Das braucht ihr:**
  eine Schale oder Wanne,
  Wasser,
  verschiedene Holzarten in verschiedenen Größen und Formen,
  Handtücher zum Abtrocknen und Trockentücher zum Beseitigen kleiner „Überschwemmungen".

- **So geht es:**
  Testet nacheinander die verschiedenen Holzarten auf ihre Schwimmtauglichkeit und haltet eure Beobachtungen in einer Tabelle fest.
  Da ihr schon einige Materialien getestet habt, könnt ihr sicherlich schon vorab sagen, welche Holzstücke schwimmen werden.

Überlegt:
Wovon könnte es abhängen, ob ein Holzstück schwimmt?

Holzart	Form	Größe	schwimmt?	schwimmt gar nicht

Flüssigkeiten in Schichten

Wasser ist für uns die wichtigste Flüssigkeit, denn sie ist lebensnotwendig. Es gibt aber noch viele andere Flüssigkeiten. Diese haben teilweise ganz andere Eigenschaften als Wasser. Mit verschiedenen Flüssigkeiten könnt ihr einen interessanten Versuch zum Thema Schwimmen und Sinken durchführen.
Führt den Versuch mit der ganzen Klasse durch, damit ihr möglichst wenig Lebensmittel verwenden müsst.

Das braucht ihr:
ein großes Glas,
flüssigen Honig,
Speiseöl,
Wasser (mit Lebensmittelfarbe oder Tinte gefärbt),
verschiedene kleine Gegenstände: zum Beispiel Geldstücke, Nägel, Rosinen, Verschlusskappe einer Flasche, Nudeln, …
Handtücher zum Abtrocknen und Trockentücher zum Beseitigen kleiner „Überschwemmungen".

So geht es:
1) Füllt etwa ein Viertel des Glases mit Honig.
2) Gießt genauso viel gefärbtes Wasser dazu.
3) Nun gebt die gleiche Menge Speiseöl dazu.
4) Beschreibt, was passiert.

Das ist passiert:

____
____
____
____
____
____
____
____
____
____

Gebt die Gegenstände in das Glas und beobachtet, welche schwimmen und welche sinken. Kreuzt jeweils an.

Gegenstand	schwimmt auf Öl	schwimmt auf Wasser	schwimmt auf Honig	schwimmt gar nicht

© Verlag an der Ruhr Postfach 10 22 51 45422 Mülheim an der Ruhr www.verlagruhr.de ISBN 978-3-8346-0198-8

Warum schwimmen Schiffe?

Lucas und Inga probieren zusammen aus, welche Dinge schwimmen und sinken. Als ein Euro-Stück sinkt, ist Lucas ganz verwirrt. „Schiffe sind doch total schwer", sagt er zu Inga. „Sie sind aus Eisen, haben schwere Maschinen und Ladungen, aber sie schwimmen. Und dieser kleine Eisenklotz hier ist gesunken, obwohl er viel leichter ist als ein Schiff." „Pass mal auf", sagt Inga, „das habe ich gerade in der Schule gelernt. Ich erkläre es dir.
Du musst dir mal vorstellen, dass das Wasser aus ganz vielen kleinen Teilchen besteht. Die nennt man Moleküle. Diese Moleküle können leichte Dinge, wie zum Beispiel Styropor®, Korken oder auch Holz sehr gut tragen. Schwere Dinge, wie zum Beispiel dieses Stück Knete hier, sind aber so schwer, dass die wenigen Wasserteilchen, die darunter sind, das Gewicht nicht halten können. Die Knete sinkt."

Inga nimmt die Knete wieder vom Boden der Wanne. Sie formt sie zu einer breiten, flachen Schale, setzt sie wieder aufs Wasser und – die Knete schwimmt. Lucas staunt. „Wie kommt denn das?" „Ja", sagt Inga, „das ist doch ganz einfach. Jetzt, wo die Knete viel breiter ist, können ja auch viel mehr Wasserteilchen tragen helfen. Und zusammen sind die eben stärker als nur ein paar."

„Logisch", sagt Lucas. „Wenn man ein Schiff zu einem Klumpen zusammenpressen würde, dann wäre es so schwer, dass die Wasserteilchen, die darunter sind, das Schiff nicht tragen können. Wenn es aber richtig groß ist, dann können die vielen Wasserteilchen darunter es schaffen."

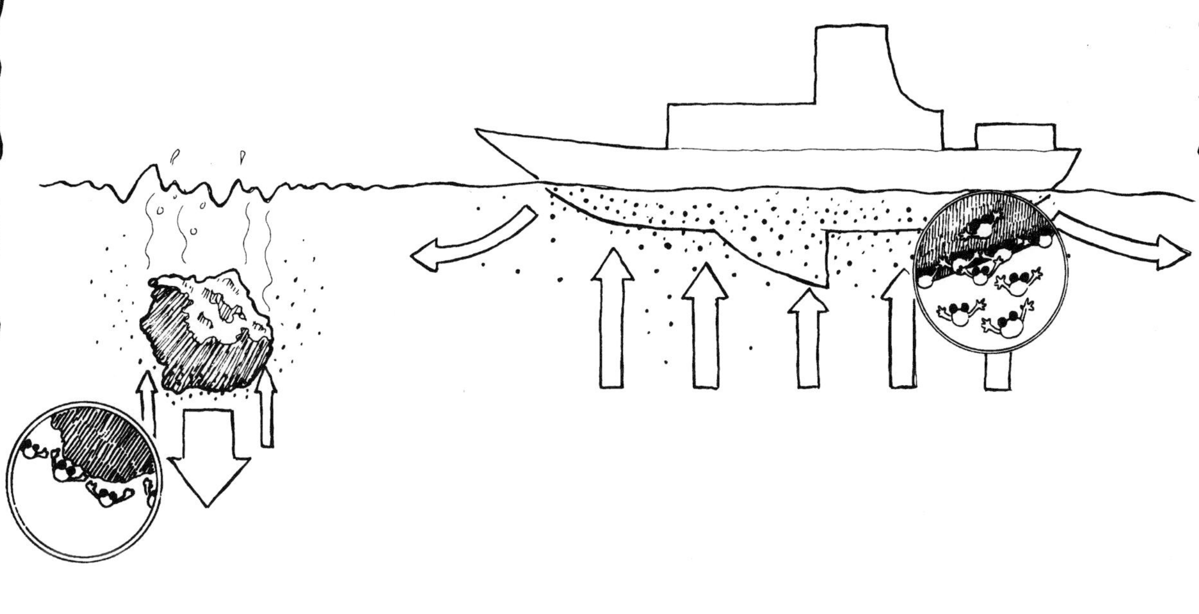

 ISBN 978-3-8346-0198-8

Ein Boot mit Antrieb

Auch ohne Motor und Wind kann sich ein Boot vorwärtsbewegen.
Du kannst das selbst ausprobieren.

Knicke die Erklärung „Wissen" unten auf der Seite nach hinten um. Lies dir die Versuchsanleitung genau durch. Nimm dir einen Versuchsbogen und schreibe deine Vermutungen vor dem Versuch auf. Führe den Versuch durch und notiere deine Beobachtungen und Erklärungsversuche.
Lies dir danach die Erklärungen unten auf der Seite durch.

Das brauchst du:
eine große Schüssel oder Becken mit Wasser, Papier, Spülmittel, ein Stückchen Seife, Draht, Handtücher zum Abtrocknen und Trockentücher zum Beseitigen kleiner „Überschwemmungen".

So geht es:
1) Falte aus dem Papier ein kleines Schiffchen. Form und Aussehen ist dir überlassen, wichtig ist nur, dass es schwimmt.
2) Lass das Boot ins Wasser.
3) Gib einen kleinen Tropfen Spülmittel auf deinen Finger und halte ihn hinter dem Boot ins Wasser: Das Boot bewegt sich!
4) Mit etwas Geschick kannst du deinem Boot auch einen eigenen Antrieb bauen: Befestige das Stückchen Seife mit Draht am Heck deines Bootes. Das Seifenstück muss das Wasser berühren. Du brauchst frisches Wasser in deiner Schüssel, dann fährt dein Boot für kurze Zeit von selbst.

Wissen:

Die einzelnen Wasserteilchen an der Wasseroberfläche halten sich anneinander fest, wie Magnete. Das nennt man Oberflächenspannung (siehe auch S. 41). Deshalb kannst du zum Beispiel eine Büroklammer vorsichtig auf die Wasseroberfläche legen, ohne dass sie versinkt. Spülmittel und Seife zerstören diese Oberflächen-spannung. Die Inhaltsstoffe des Spülmittels (die Tenside) drängen sich zwischen die Wasserteilchen, dadurch wird das Boot weggeschoben.

 ISBN 978-3-8346-0198-8

Boote bauen

Versuch

Boote gibt es in vielen Formen und aus unterschiedlichem Material. **Baue selbst ein Boot und finde heraus, welche Form und welches Material am besten geeignet ist.**

Das brauchst du:

Holzbretter (verschiedenes Holz),
Styropor®-Platten,
Schaschlikspießchen,
festes Papier für die Segel,
eine Säge und eine Schere,
Klebstoff,
Handtücher zum Abtrocknen und Trockentücher zum Beseitigen kleiner „Überschwemmungen".

So geht es:

1) Schneide das Holz und das Styropor® vorsichtig in gleich große Stücke.
2) Benutze diese Grundform, um verschiedene Bootstypen zu bauen. Du kannst mit allen möglichen Formen experimentieren.
3) Baue Segel aus Schaschlikspießen und dem festen Papier.
4) Setze die Segel an verschiedenen Stellen auf die Boote: vorne, in der Mitte, hinten. Du kannst für einige Boote auch mehrere Segel nehmen.

Tipp:

Frage deine Lehrerin, deinen Lehrer oder deine Eltern, ob sie mit dir an einen Bach, Teich oder See gehen. Dort kannst du deine Boote ausprobieren. Setze die Boote nacheinander an der gleichen Stelle ins Wasser. Welches ist am schnellsten?

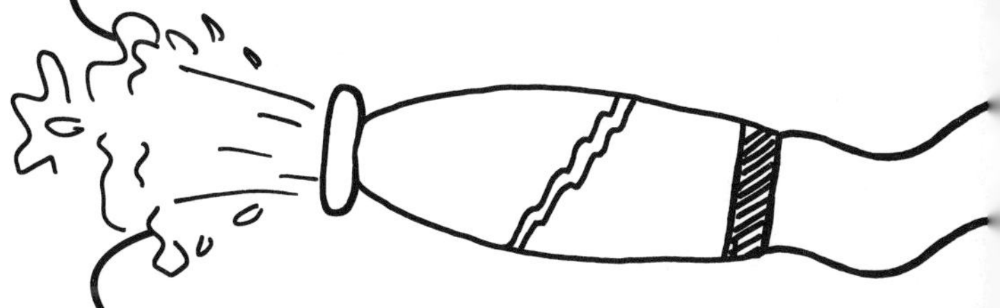

 ISBN 978-3-8346-0198-8

Wasserdichte Behälter

Wasser in Flaschen, Gläsern und Leitungen

Kannst du einen wasserdichten Behälter bauen?
Du musst darin Wasser transportieren können, ohne dass es heraustropft oder -läuft!

Das brauchst du:

verschiedene Materialien: zum Beispiel Tüten, Folie, Papier, Fäden, Seile usw.
Schere und Kleber,
Wasser,
Handtücher zum Abtrocknen und Trockentücher zum Beseitigen kleiner „Überschwemmungen".

So geht es:

1) Überlege, bevor du den Behälter konstruierst, genau:
Wozu willst du den Behälter benutzen?
Welche Sachen nimmst du, um ihn zu bauen?
Wie viel Wasser soll in deinen Behälter passen?
2) Suche die Materialien für deinen Behälter zusammen.
3) Baue dann einen Behälter nach deinen eigenen Vorstellungen.
4) Mache einen Probelauf. Wenn es nicht klappt, überlege dir, was du besser machen könntest. Schreibe auf, welche Materialien du verwendet hast und zeichne deinen Behälter.

Mein wasserdichter Behälter

Diese Materialien habe ich benutzt:

____

____

____

____

____

____

So sieht mein Behälter aus:

Die Flaschenorgel

Wasser in Flaschen, Gläsern und Leitungen

Mit Wasser kannst du Musik machen. Du kannst dir ganz einfach eine eigene Wasserorgel bauen. Wer schafft es, darauf ein kleines Lied zu spielen?

Knicke die Erklärung „Wissen" unten auf der Seite nach hinten um.
Lies dir die Versuchsanleitung genau durch.
Nimm dir einen Versuchsbogen und schreibe deine Vermutungen vor dem Versuch auf.
Führe den Versuch durch und notiere deine Beobachtungen und Erklärungsversuche.
Lies dir danach die Erklärungen unten auf der Seite durch.

Das brauchst du:
8 Flaschen der gleichen Form und Größe,
Wasser, einen Löffel,
Handtücher zum Abtrocknen und Trockentücher zum Beseitigen kleiner „Überschwemmungen".

So geht es:

1) Fülle die Flaschen unterschiedlich hoch mit Wasser.
2) Stelle sie der Reihe nach nebeneinander (siehe Bild unten).
3) Schlage mit dem Löffel dagegen.
4) Hör ganz genau hin.

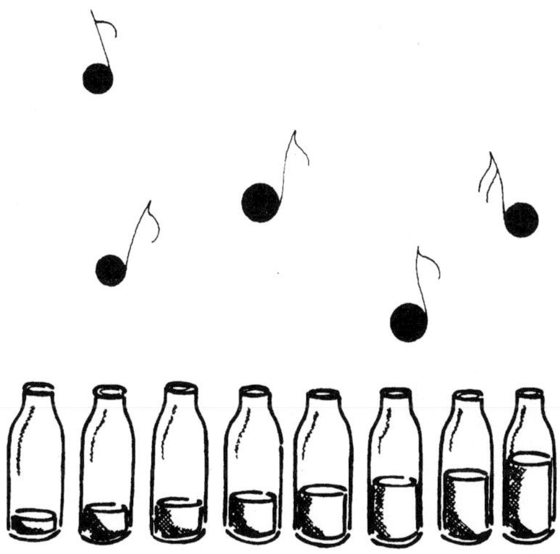

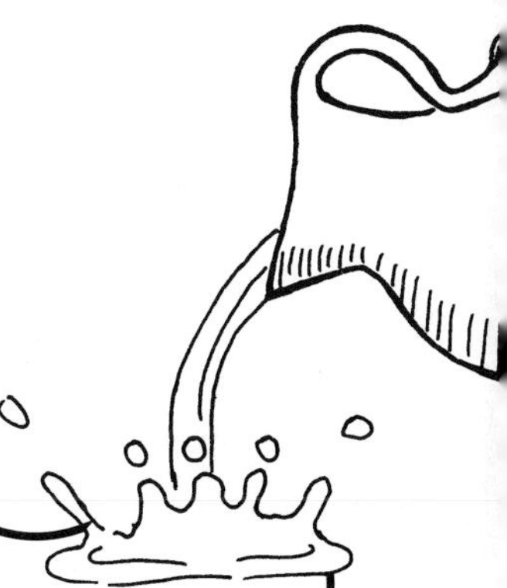

Hast du es gewusst?
Ein Mensch besteht zu zirka 55–65 Prozent aus Wasser, das ist mehr als die Hälfte seines Körpergewichts! Der Wasseranteil bei anderen Lebewesen ist zum Teil noch viel höher.
Eine Qualle besteht zum Beispiel zu 98 Prozent aus Wasser!

Wissen:

Durch den Schlag mit dem Löffel beginnt die Flasche zu schwingen. Du kannst die Schwingungen als Ton hören. Das Wasser im Glas muss dabei mitbewegt werden. Je mehr Wasser bewegt werden muss, umso langsamer ist die Schwingung.
Der Ton klingt dann tiefer. Deshalb hörst du verschiedene Töne, wenn unterschiedlich viel Wasser in den Flaschen ist.

Flaschen und Krüge

Wasser in Flaschen, Gläsern und Leitungen

Sammelt eine Zeit lang verschiedene Flaschen und andere Behälter für Flüssigkeiten. Untersucht sie auf Form und Material und probiert aus, wie viel Flüssigkeit in sie hineinpassen. Es ist gar nicht so einfach, vom Aussehen einer Flasche darauf zu schließen.

Das brauchst du:
verschiedene leere Flaschen und andere Behälter, Wasser, einen Messbecher, Handtücher zum Abtrocknen und Trockentücher zum Beseitigen kleiner „Überschwemmungen".

So geht es:
1) Schätze: Wie viel Flüssigkeit passt in jede der Flaschen?
2) Zeichne die Form der Flasche und notiere deine Schätzung in der Tabelle.
3) Fülle jede Flasche mit Wasser.
4) Miss genau nach: Gieße das Wasser aus den Flaschen in den Messbecher.
5) Notiere die Ergebnisse in die Tabelle.

Überlege:
Hast du richtig geschätzt? Woran liegt es, dass man sich leicht verschätzt?

Form der Flasche	geschätzter Inhalt	gemessener Inhalt

Das Trichter-Experiment

Mit einem Trichter kannst du Flüssigkeiten leichter in Flaschen füllen. Aber es gibt Unterschiede …

Knicke die Erklärung „Wissen" unten auf der Seite nach hinten um.
Lies dir die Versuchsanleitung genau durch.
Nimm dir einen Versuchsbogen und schreibe deine Vermutungen vor dem Versuch auf.
Führe den Versuch durch und notiere deine Beobachtungen und Erklärungsversuche.
Lies dir danach die Erklärungen unten auf der Seite durch.

- **Das brauchst du:**
  eine Flasche, einen Trichter,
  Knetgummi, Wasser,
  eine Stoppuhr,
  Handtücher zum Abtrocknen und Trockentücher zum Beseitigen kleiner „Überschwemmungen".

- **So geht es:**
  1) Stelle den Trichter auf die Flasche und fülle die Flasche unter dem laufenden Wasserhahn.
  2) Wie lange dauert es, bis die Flasche voll ist? Stoppe die Zeit.
  3) Nimm das Knetgummi. Dichte den Trichter rundum damit ab, sodass keine Luft mehr seitwärts am Trichter in die Flasche kommen kann.
  4) Wie lange dauert es diesmal, bis die Flasche voll ist? Stoppe die Zeit.
  5) Vergleiche die Zeiten miteinander. Kannst du sie erklären?

Wissen:

Warum dauert es länger, bis die abgedichtete Flasche voll ist? Die Flasche ist voll mit Luft. Wenn nun Wasser in die Flasche soll, muss die Luft entweichen. Bei der abgedichteten Flasche kann keine Luft am Flaschenhals entweichen, weil Flasche und Trichter ja durch das Knetgummi miteinander verbunden sind. Die Luft muss durch den Trichterhals nach außen gelangen. Das siehst du an den Blubberblasen im Wasser. Gleichzeitig kann deshalb weniger Wasser durch den Trichterhals fließen. Aus diesem Grund füllt sich die Flasche langsamer.

Voller als voll

Wasser in Flaschen, Gläsern und Leitungen

Versuch

Wenn ein Glas bis zum Rand voll ist, dann ist es voll. Oder kann man es noch voller machen? **Probiere es aus.**

Knicke die Erklärung „Wissen" unten auf der Seite nach hinten um.
Lies dir die Versuchsanleitung genau durch.
Nimm dir einen Versuchsbogen und schreibe deine Vermutungen vor dem Versuch auf.
Führe den Versuch durch und notiere deine Beobachtungen und Erklärungsversuche.
Lies dir danach die Erklärungen unten auf der Seite durch.

Das brauchst du:

ein Glas, ein Ansaugröhrchen (Pipette), Wasser, Lebensmittelfarbe, Handtücher zum Abtrocknen und Trockentücher zum Beseitigen kleiner „Überschwemmungen".

So geht es:

1) Färbe Wasser mit einigen Tropfen Lebensmittelfarbe ein. So kannst du den Versuch besser beobachten.
2) Fülle das Glas vorsichtig mit dem gefärbten Wasser bis zum Rand. Es darf kein Tropfen überlaufen. Wenn das Glas wirklich voll ist, dann nimm die Pipette und tropfe vorsichtig Wasser in das volle Glas. Wie viele Tropfen musst du dazu geben, bis das Wasser überläuft? Schließt vorher eine Wette ab. Wer am besten schätzt, hat gewonnen!

Überlege:

Warum kannst du noch Wassertropfen in das Glas füllen, obwohl es schon voll ist?

Wissen:

Wenn du auf Augenhöhe mit der Wasseroberfläche gehst, siehst du, dass sie sich wie ein aufgeblasener Luftballon nach oben gewölbt hat. Es sieht so aus, als ob das Wasser eine Haut hätte, die das Wasser im Glas hält, obwohl es eigentlich rausfließen müssten. Das kannst du noch besser sehen, wenn du ganz, ganz vorsichtig eine Büroklammer auf die gewölbte Wasseroberfläche legst. Die Klammer bleibt liegen, obwohl sie normalerweise nach unten sinken müsste, weil sie für das Wasser zu schwer ist. Die kleinsten Teilchen des Wassers haften ganz fest aneinander. Man nennt sie Moleküle. Sie sind kleiner als der kleinste Wassertropfen. Weil sie aneinanderkleben, können sie leichte Gegenstände, die vorsichtig aufgelegt werden, tragen. Diese Erscheinung nennt man Oberflächenspannung. Die Verbindung zwischen den Wasserteilchen kann man ganz einfach lösen. Wenn man auch nur eine Spur Seife oder Spülmittel ins Wasser gibt, sinkt jede schwimmende Büroklammer sofort nach unten. Probier es mal aus. (Lies dazu auch S. 35).

© Verlag an der Ruhr ✧ Postfach 10 22 51 ✧ 45422 Mülheim an der Ruhr ✧ www.verlagruhr.de ✧ ISBN 978-3-8346-0198-8

Der zerbrochene Löffel

Wasser ist durchsichtig und wenn es ganz sauber und klar ist, können wir hindurchschauen. Gegenstände, die sich im Wasser befinden, sehen wir aber nicht immer so, wie sie in Wirklichkeit sind. **Probier, um das zu testen, den folgenden Trick.**

Knicke die Erklärung „Wissen" unten auf der Seite nach hinten um. Lies dir die Versuchsanleitung genau durch. Nimm dir einen Versuchsbogen und schreibe deine Vermutungen vor dem Versuch auf. Führe den Versuch durch und notiere deine Beobachtungen und Erklärungsversuche. Lies dir danach die Erklärungen unten auf der Seite durch.

Das brauchst du:
ein glattes, durchsichtiges Glas,
Wasser,
einen Löffel,
Handtücher zum Abtrocknen und Trockentücher zum Beseitigen kleiner „Überschwemmungen".

So geht es:
1) Fülle das Glas halb voll mit Wasser.
2) Stelle den Löffel hinein.
3) Schau dir das Glas von allen Seiten genau an. Was siehst du? Male den Löffel, so wie du ihn siehst, in das Glas.

Wissen:

Wenn du einen Löffel in ein Glas Wasser stellst, dann sieht es so aus, als sei er durchgebrochen, genau an der Stelle, an der er ins Wasser eintaucht. Das hat folgenden Grund:
Die Lichtstrahlen, die gegen den Löffel prallen und von da in unsere Augen treffen, lassen uns den Löffel sehen. Solange die Lichtstrahlen durch die Luft gegen den Löffel und von da wieder durch die Luft bis zu unseren Augen gelangen, ist alles in Ordnung. Wenn die Strahlen aber durch das Wasser müssen, dann werden sie aufgehalten und sie verändern ihre Richtung ein bisschen. Sie kommen also auch ein bisschen zur Seite gerückt bei uns im Auge an. Deshalb sehen wir den Teil des Löffels, der im Wasser steht, so, als ob er glatt abgebrochen wäre. Das nennt man Brechung.
Der untere Teil, der im Wasser steht, wirkt aber auch größer als der obere Teil. Das liegt daran, dass das Glas rund ist. Es wirkt deshalb ein bisschen wie eine Lupe, also wie ein Vergrößerungsglas.

 ISBN 978-3-8346-0198-8

Regen messen

Versuch

Für diesen Versuch muss es draußen richtig regnen. Regnet es an verschiedenen Stellen unterschiedlich stark?
Werdet selbst Wetterforscher und findet es heraus.

- **Das braucht ihr:**
  einige Behälter, die alle die gleiche Form und Größe haben,
  einen Messbecher.

- **So geht es:**
  1) Stellt eure Behälter an verschiedenen Plätzen auf dem Schulhof auf, zum Beispiel unter Bäumen, auf freier Fläche, neben einer Wand, hinter einer Mauer, unter einem Abfluss.
  2) Stellt Vermutungen darüber an, wie stark es an welcher Stelle regnet.
  3) Messt nach einiger Zeit mit dem Messbecher nach: Wo regnet es am stärksten?
  4) Tragt eure Ergebnisse in die Tabelle ein.

Überlegt:
Wie könnt ihr die Wassermenge ohne Messbecher vergleichen? Überlegt euch verschiedene Möglichkeiten. Schreibt eure Ideen auf: Vergleicht eure Ideen in der Klasse. Wer hat die sinnvollste und einfachste Möglichkeit entdeckt? Überlegt und entscheidet gemeinsam.

Ort	vermutete Wassermenge	gemessene Wassermenge

Wasser fließt bergauf

Wasser in Flaschen, Gläsern und Leitungen

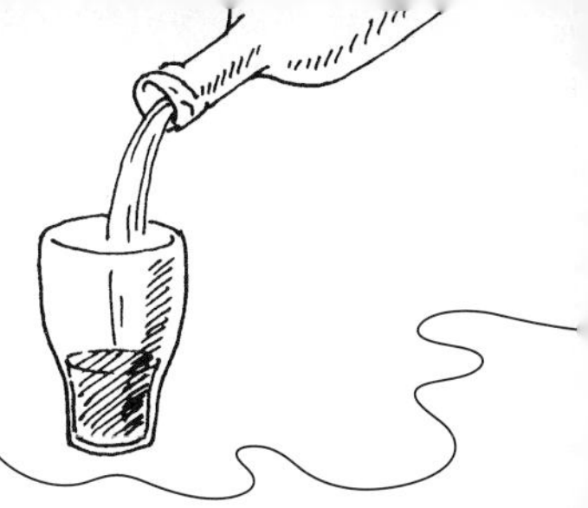

Hast du dir schon mal Gedanken darüber gemacht, wie das Wasser aus dem Wasserhahn kommen kann? Es muss dabei nach oben fließen und das noch besonders „hoch", wenn dein Badezimmer in einem höheren Stockwerk liegt. **Probiere einmal selbst, Wasser nach oben steigen zu lassen.**

Versuch 1

- **Das brauchst du:**
  einen Schlauch, zum Schlauch passenden Trichter, Wasserhahn (an einem Waschbecken oder einer Badewanne),
  Handtücher zum Abtrocknen und Trockentücher zum Beseitigen kleiner „Überschwemmungen".

- **So geht es:**
  1) Stecke den Trichter auf den Schlauch.
  2) Lass Wasser aus dem Wasserhahn in den Trichter laufen.
  3) Jetzt hebe das untere Schlauchende hoch.
  4) Beobachte, was passiert.

Versuch 2

Knicke die Erklärung „Wissen" unten auf der Seite nach hinten um.
Lies dir die Versuchsanleitung genau durch.
Nimm dir einen Versuchsbogen und schreibe deine Vermutungen vor dem Versuch auf.
Führe den Versuch durch und notiere deine Beobachtungen und Erklärungsversuche.
Lies dir danach die Erklärungen unten auf der Seite durch.

- **Das brauchst du:**
  zwei Flaschen, Wasser, einen Schlauch,
  Handtücher zum Abtrocknen und Trockentücher zum Beseitigen kleiner „Überschwemmungen".

- **So geht es:**
  1) Fülle eine der beiden Flaschen mit Wasser und stelle sie etwas höher auf als die andere.
  2) Stecke den Schlauch in die volle Flasche und sauge kurz daran, bis das Wasser fließt.
  3) Stecke das andere Schlauchende in die leere Flasche. Beobachte, was passiert.

Wissen:

Es gibt eine Kraft zwischen den Molekülen im Wasser, die dafür sorgt, dass die Wasserteilchen zusammenbleiben. Man nennt diese Kraft Kohäsionskraft. Wegen dieser Kraft fließt das Wasser in den Schlauch, obwohl es dafür erst nach oben fließen muss. Grundsätzlich fließt Wasser durch die Schwerkraft immer nach unten. Deshalb fließt so lange Wasser durch den Schlauch in die niedriger stehende Flasche nach, bis der Wasserstand in beiden Flaschen auf einer Höhe ist.

© Verlag an der Ruhr, Postfach 10 22 51, 45422 Mülheim an der Ruhr, www.verlagruhr.de, ISBN 978-3-8346-0198-8

Leitungssysteme

Wasser in Flaschen, Gläsern und Leitungen

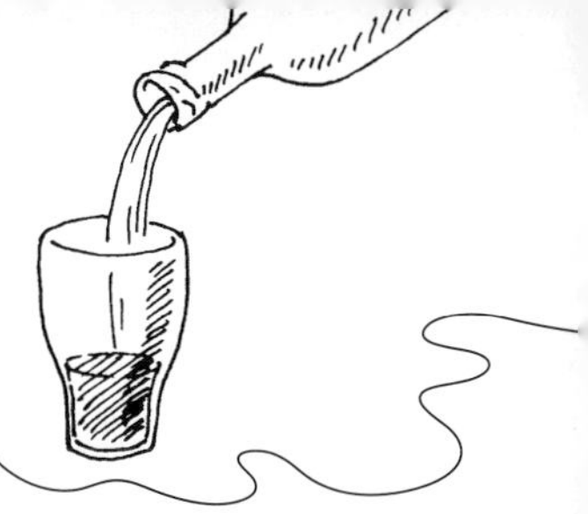

Konstruiert aus Schläuchen und Flaschen ein fantastisches Wasserleitungsnetz.
Denkt euch ganz ausgefallene Wege aus, die das Wasser nehmen soll.
Damit der Klassenraum trocken bleibt, ist es am einfachsten, wenn ihr auf dem Schulhof arbeitet.

Das braucht ihr:

viele Plastikbehälter: zum Beispiel Flaschen, Becher, Jogurtbecher und so weiter, Schläuche, wasserdichtes Klebeband oder Knetgummi, Trichter, Wasser,
Handtücher zum Abtrocknen und Trockentücher zum Beseitigen kleiner „Überschwemmungen".

So geht es:

1) Bohrt Löcher in die Plastikbehälter.
2) Steckt den Schlauch durch und dichtet das Loch um den Schlauch mit wasserfestem Klebeband oder Knetgummi ab.
3) Denkt euch abenteuerliche Konstruktionen aus und versucht, sie zu bauen.
4) Wenn ihr das gesamte Leitungsnetz fertig habt, dann könnt ihr (über einen Trichter) Wasser in das Leitungsnetz laufen lassen. Am anderen Ende der Leitung sollte ein Bottich oder eine Wanne stehen, um das Wasser, das durchkommt, aufzufangen.
5) Kommt das Wasser bis zum Ende durch? Wenn nicht, wie müsst ihr die Leitungen verändern?
6) Verändert die Konstruktion zwischendurch. Beobachtet genau, wie sich das Wasser in den Schläuchen und Behältern verhält. Könnt ihr Regelmäßigkeiten entdecken?

Zeichnet euer eigenes Leitungssystem auf ein Blatt Papier.

Tipp:

Stellt eure Konstruktionen aus, damit sie auch andere Kinder bewundern können!

© Verlag an der Ruhr · Postfach 10 22 51 · 45422 Mülheim an der Ruhr · www.verlagruhr.de · ISBN 978-3-8346-0198-8

Wer benutzt den Fluss?

Die Menschen nutzen und nutzten den Fluss für viele Zwecke: zum Transportieren von Gütern, um von einem Ort zum anderen zu kommen, zum Fischen, …
Startet ein Fluss-Projekt. Versucht, möglichst viel über Flüsse und Häfen zu erfahren. Hier sind einige Vorschläge:

Wenn es einen Hafen in der Nähe gibt:

- Welche Schiffe ankern im Hafen?
- Was haben sie geladen? Wie erfolgt das Löschen (so nennt man das Abladen) der Ladung?
- Wofür werden die Schiffe genutzt? Zum Fischen, Transportieren von Öl, Kohle, Autos, …
- Gibt es, wie auf einer Straße, Zeichen, die den Schiffsverkehr leiten und regeln?

Wenn kein Fluss oder Hafen in der Nähe ist:
Wenn kein Fluss oder Hafen in der Nähe ist, sucht im Lexikon oder in Büchern, was ihr zu dem Thema findet. Informiert euch auch in Büchereien oder im Internet.

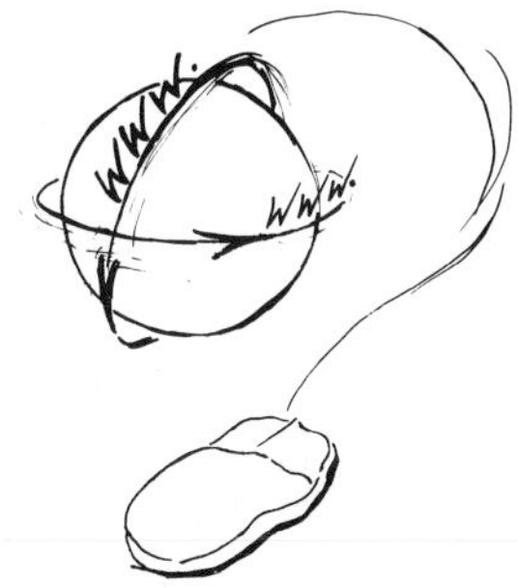

Wenn ein Fluss in der Nähe ist: Unternehmt eine Exkursion dorthin und erkundet in Kleingruppen folgende Fragen:

- Wie nutzen Menschen den Fluss? Sind Spuren davon zu erkennen?
- Welche Menschen arbeiten am Fluss?
- Welche Menschen nutzen ihn für Freizeitaktivitäten?
- Vielleicht sind ja einige Menschen bereit, mit euch über ihre Aktivität am Fluss zu reden (Wasserpolizei, Angler, Ruderer, …).
- Welche Schiffe befahren den Fluss? Was transportieren sie?

Sammelt alle Informationen und gestaltet ein Plakat über das Projekt. Tragt dann das, was ihr über Flüsse und Hafen gesehen, erfahren, gelesen habt, in eurer Klasse vor.

ISBN 978-3-8346-0198-8

Wasserstraßen

Projekt

Die Menschen haben schon früh damit begonnen, das Wasser als Transportweg zu benutzen. Inzwischen gibt es zwar gut ausgebaute Autobahn- und Eisenbahnnetze und auch Flugzeuge können Güter transportieren. Aber die Flüsse sind als Wasserstraßen immer noch sehr wichtig für die Menschen.

Wasserstraßen früher

Erkundet folgende Fragen:

- Wie wurden Wasserstraßen eigentlich früher genutzt?
  Holt euch Bücher dazu aus der Bibliothek oder sucht im Internet nach Hinweisen.
- Was wird alles auf den Wasserstraßen transportiert?
- Kann man von der Form der Schiffe auf ihre Ladung schließen? Ein Anruf beim Schifffahrtsamt (Nummer steht im Telefonbuch) hilft euch, eure Zweifel zu beseitigen. Sammelt Fragen und wählt ein Kind für das Telefongespräch aus. Vielleicht kommt ja ein Angestellter des Schifffahrtsamts in eure Klasse und ihr könnt ihn direkt fragen.
- Was bedeuten die Bojen im Wasser?
- Es gibt natürliche und künstliche Wasserstraßen. Worin besteht der Unterschied?
- Wer kennt künstliche Wasserstraßen?
- Wozu werden künstliche Wasserstraßen gebaut?

Wasserstraßen heute

Schreibt eure Antworten auf ein Blatt Papier für eure Wassermappen. Oder gestaltet ein Plakat für die Klasse.

Überlege:

Flüsse als Wasserstraßen zu nutzen, ist nicht immer ganz einfach. Was könnte verhindern, dass Flüsse oder Ströme mit Booten und Schiffen befahren werden können? Sammelt auf einem Zettel alle Gründe, die euch einfallen, und überlegt, ob man das Problem lösen kann.

Tipp:

Weitere Lösungen findest du im Infotext „Schleusen" (Seite 48).

Schleusen (1/2)

Schleusen und Schiffshebewerke
Flusswasser fließt von der Quelle bis zur Mündung bergab. Kanäle, als künstliche Wasserstraßen, verlaufen waagerecht. Hier werden die Höhenunterschiede durch Hebewerke oder Schleusen überwunden. Hebewerke oder Schleusen gibt es auch bei natürlichen Flüssen. Sie wurden von Menschen da eingebaut, wo das Wasser zu steil bergab fließt, zum Beispiel an einem Wasserfall. Dort wurde von dem natürlichen Fluss ein Kanal, also ein künstlicher Seitenarm abgezweigt, in dem das Hebewerk sich befindet. Besonders viele von diesen Schleusen und Hebewerken befinden sich in der Mosel.

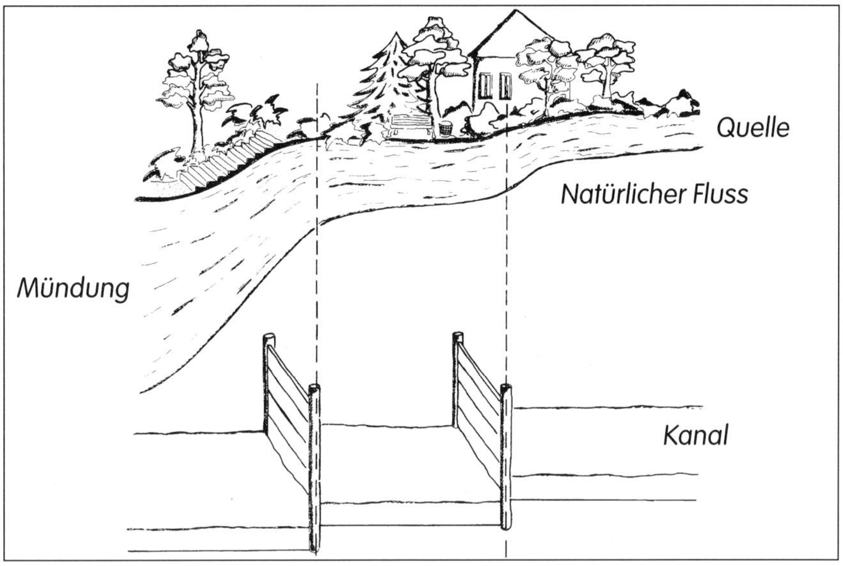

So funktioniert eine Schleuse:
Zwischen den beiden Kanälen befindet sich die Schleusenkammer. Wenn ein Schiff von dem höheren Kanal in den niedrigeren fahren will, passiert Folgendes: Erst wird durch das Füllrohr so viel Wasser vom höheren Kanal in die Schleuse geleitet, bis es in der Schleuse und im Kanal gleich hoch steht. Dann kann das Schiff in die Schleusenkammer fahren. Ist es in der Schleuse, dann wird von dort durch das Entleerungsrohr Wasser abgelassen. Das Wasser fließt in den niedrigeren Kanal, so lange, bis es in der Schleuse genauso hoch ist. Dann kann das Schiff also einfach in den niedrigeren Kanal fahren.

Wie das klappt, wenn ein Schiff vom niedrigen in den höheren Kanal will, das ist jetzt sicher ganz einfach. Versuche mal, es zu erklären.

 ISBN 978-3-8346-0198-8

Schleusen (2/2)

Nicht nur mit Schleusen kann man Höhenunterschiede überwinden. Das geht auch mit **Schiffshebewerken**. Diese arbeiten jedoch mit einer anderen Technik.

So funktioniert ein Schiffshebewerk:
Zwischen den beiden Schleusen ist das Schiffshebewerk. Wie mit einem Aufzug werden die Schiffe darin hoch- oder heruntergefahren. Sie schwimmen dabei wie in einer großen Badewanne im Wasser.

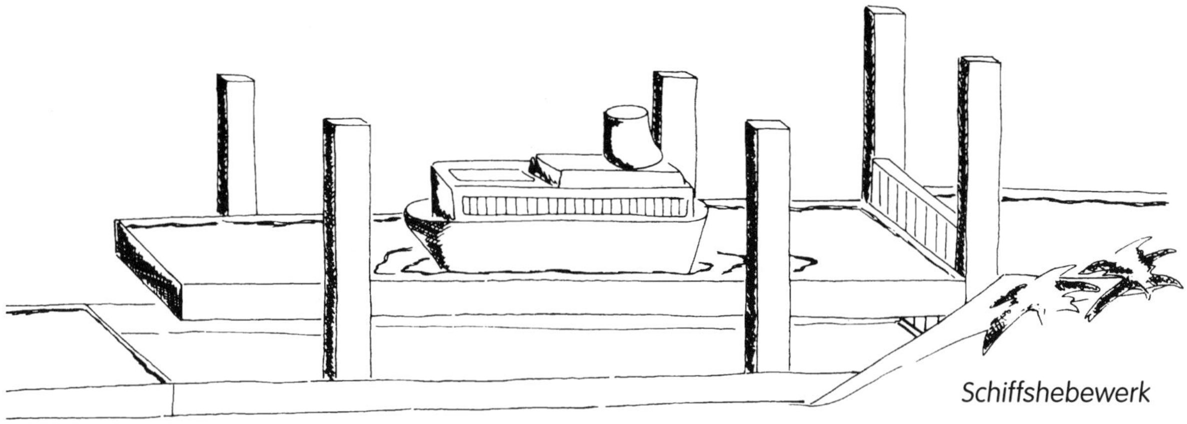

Schiffshebewerk

Bist du jetzt ein Schleusenexperte? Entscheide, ob die Aussagen richtig oder falsch sind.

1. Flüsse fließen von der Mündung bis zur Quelle. ❑ richtig ❑ falsch
2. Kanäle fließen bergauf. ❑ richtig ❑ falsch
3. Kanäle sind von Menschen gebaut worden. ❑ richtig ❑ falsch
4. Bei natürlichen Flüssen gibt es keine Hebewerke. ❑ richtig ❑ falsch
5. An der Mosel gibt es sehr viele Schleusen und Hebewerke. ❑ richtig ❑ falsch
6. Jedes Schiff hat eine Schleusenkammer. ❑ richtig ❑ falsch
7. Das Wasser steht zu beiden Seiten der Schleuse unterschiedlich hoch. ❑ richtig ❑ falsch
8. Das Schiff pumpt das Wasser im Schiffshebewerk in den niedrigeren Kanal. ❑ richtig ❑ falsch

Becherlupe bauen

Mit einer **selbstgebauten Becherlupe** kannst du Pflanzen und kleine Lebewesen im Teich genau beobachten.

- **Das brauchst du:**
  eine Konservendose,
  einen Dosenöffner,
  Frischhaltefolie,
  Kreppband,
  ein Gummiband,
  ein Bestimmungsbuch für Teichtiere.

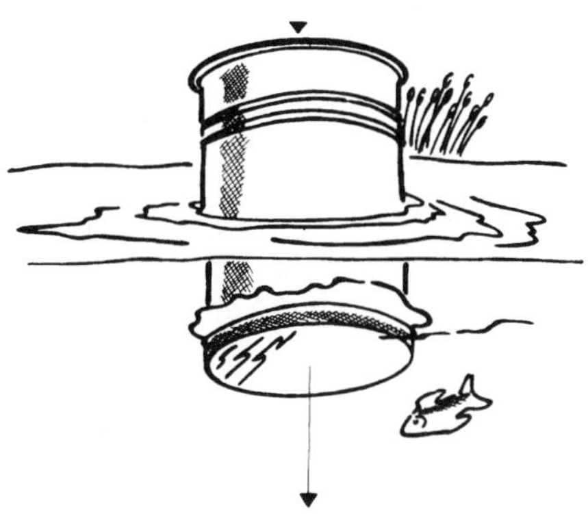

- **So geht es:**
  Entferne Boden und Deckel der Dose mit dem Dosenöffner.
  Sei vorsichtig, denn die Dosenränder können sehr scharf sein!
  Klebe deshalb Kreppband zur Sicherheit auf die Ränder der Dosenöffnungen. Lege über eine der Öffnungen die Frischhaltefolie.
  Befestige die Frischhaltefolie mit dem Gummiband.

Gemeinsam mit deiner Klasse kannst du einen Ausflug zu einem Teich machen und deine Becherlupe vorsichtig ins Wasser lassen.
Wenn du die Dose senkrecht ins Wasser hältst, wölbt sich die Folie durch den Wasserdruck nach innen. Sie wirkt jetzt wie die Linse einer Lupe: Du siehst alles vergrößert.

Hast du es gewusst?
Mehr als die Hälfte der Erde ist mit Wasser bedeckt. Doch wie viel Wasser ist das? So viel, dass man es sich kaum vorstellen kann! Wissenschaftler schätzen, dass es die Wassermenge 1,6 Milliarden Kubikkilometer groß ist. Um all das Wasser in einen Würfel zu bekommen, müsste er eine Kantenlänge von 1150 km haben!
Warum reden dann aber alle von Wassermangel? Wo ist all das Wasser? Viel von dem Wasser ist als Salzwasser im Meer (nicht trinkbar) oder ganz tief im Erdinneren. Am Nordpol und am Südpol ist viel Wasser in den Eisbergen eingeschlossen.

Was hast du beobachtet? Schreibe es auf ein Blatt Papier. Male die Tiere und Pflanzen auf. Versuche, sie im Bestimmungsbuch zu finden.

Einen Käscher bauen

Wenn du Wassertiere genau erforschen möchtest, kannst du dir einen **Käscher** bauen, um die Tiere für kurze Zeit in ein Glas mit Teichwasser zu setzen.

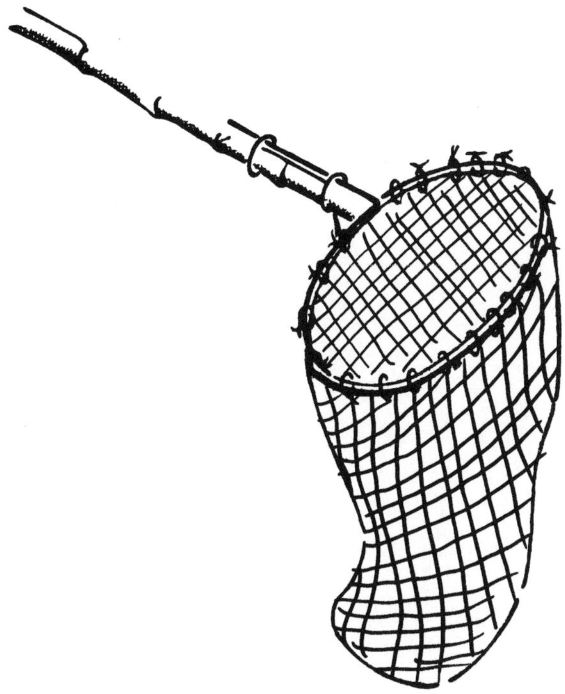

Das brauchst du:
einen Drahtkleiderbügel,
eine alte Strumpfhose (aber ohne Löcher),
eine Kordel,
dünnen Draht,
einen Bambusstab,
ein Bestimmungsbuch für Teichtiere.

So geht es:
1) Forme den Kleiderbügel zu einem Ring, wie es auf der Zeichnung zu sehen ist.
2) Schneide einen Fuß der Strumpfhose ab (Achtung: nicht zu kurz!). Befestige den Fuß der Strumpfhose mit der Kordel oder dem Draht an dem Ring.
3) Mache das überstehende Ende des Kleiderbügels am Bambusstab mit Draht fest.

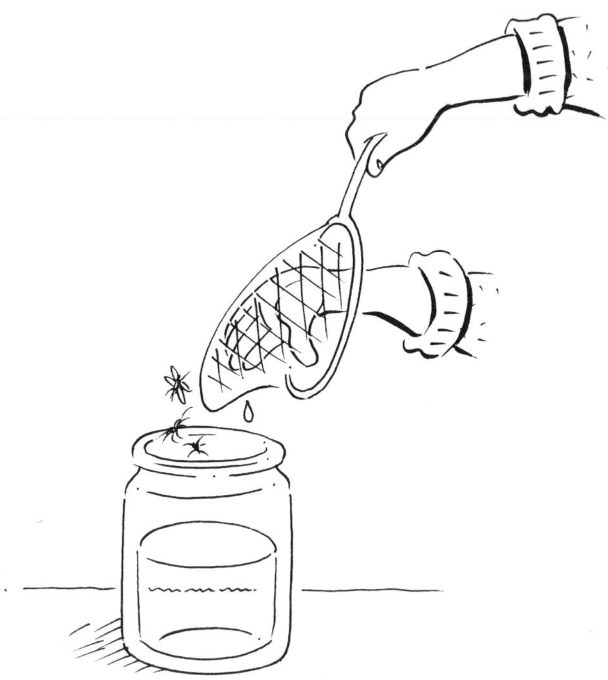

Für die Suche nach Wassertierchen gelten diese Regeln:

- leise anschleichen
- ruhig hinknien
- geduldig warten
- nicht in den Teich steigen

Wichtig:
Wassertiere können ohne Wasser nicht leben! Gib die Tierchen deshalb direkt in ein Glas mit Teichwasser. Beobachte sie für einige Zeit und lasse sie dann vorsichtig zurück in den Teich.

Was hast du beobachtet? Schreibe es auf ein Blatt Papier. Male die Tierchen auf. Versuche, sie im Bestimmungsbuch zu finden.

 ISBN 978-3-8346-0198-8

Wasserteilchens Abenteuer (1/2)

Wasserkreislauf

Was passiert mit Wasser, wenn es verdampft? Bleibt es für immer unsichtbar in der Luft? Hier erfährst du es:

1

Wasserteilchens Luftabenteuer

Lange war es unterwegs gewesen, das kleine Wasserteilchen. Den ganzen Tag war es nun schon den Bach heruntergeschwommen, dann den großen Fluss. Schließlich war es im großen und weiten Meer gelandet. Überall waren andere Wasserteilchen, über und neben dem kleinen Wasserteilchen. Sie hielten sich alle aneinander fest, denn sie wollten so gerne zusammenbleiben.

2

Irgendwann einmal wurde das kleine Wasserteilchen mit seinen Freunden nach oben, an die Oberfläche des Meeres getrieben. Wie hell die Sonne schien! Und wie blau der Himmel war. Einfach wunderschön. Aber heiß war es hier. Den Wasserteilchen wurde immer wärmer. „Hört mal!", sagte das kleine Wasserteilchen da zu seinen Freunden. „Ich muss euch mal loslassen, mir ist soooo heiß!" „Uns auch", sagten die Freunde.

3

Aber kaum hatten sie sich losgelassen, da wurde ihnen auch schon ganz leicht zu Mute. „Ich fliege, ich fliege!", rief das kleine Wasserteilchen verwundert. „Wir auch!", riefen seine Freunde. War das toll, so durch die warme Luft zu sausen! Und immer weiter ging es nach oben. Aber je höher sie kamen, desto kälter wurde es ihnen. „Mir ist so kalt", jammerte ein kleines Wasserteilchen. „Mir auch!", riefen ein paar andere.

Wasserteilchens Abenteuer (2/2)

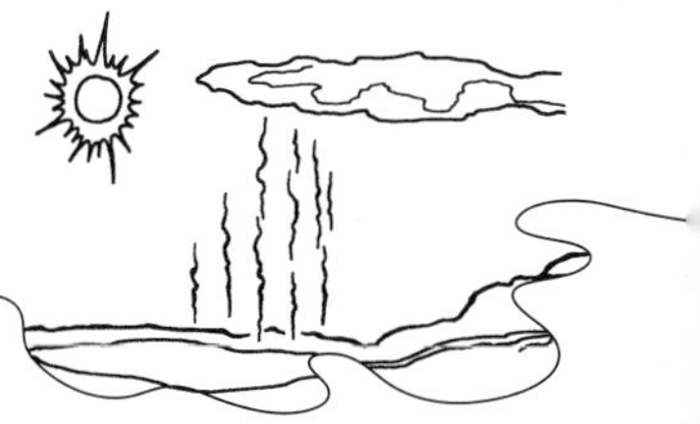

4

„Kommt doch her, wir wärmen uns!", rief ein großes, dickes Wasserteilchen. Alle Wasserteilchen, die nach oben geflogen waren, bildeten jetzt kleine Gruppen. Auch das kleine Wasserteilchen hatte ein paar Freunde gefunden, mit denen es sich eng aneinanderkuschelte. Zusammen waren sie jetzt so groß wie ein kleiner Tropfen. Platsch! Da waren sie mit einem anderen Tropfen zusammengestoßen, der dicker und langsamer war. Platsch! Wieder hatte ein Tropfen ihren Weg gekreuzt.

Bums! Platsch! Immer wieder stieß der Tropfen mit dem kleinen Wasserteilchen in der Mitte mit anderen Tropfen zusammen. Und er wurde immer schwerer und schwerer. So wurden es immer mehr Wasserteilchen, die sich an der Gruppe des kleinen Wasserteilchens festhielten. Alle zusammen waren jetzt schon ein dicker, fetter Tropfen. Das kleine Wasserteilchen schaute sich um. Überall ringsumher waren dicke Tropfen aus kleinen Wasserteilchen in der Luft. Und alle diese Tropfen zusammen bildeten eine Wolke. Da kam ein großer Wind auf, der pustete die Wolke aus Wasserteilchen vom Meer weg, über das Land. Da näherte sich die Wolke einem Berg. Ganz schwer und dick voller Regentropfen war sie jetzt.

5

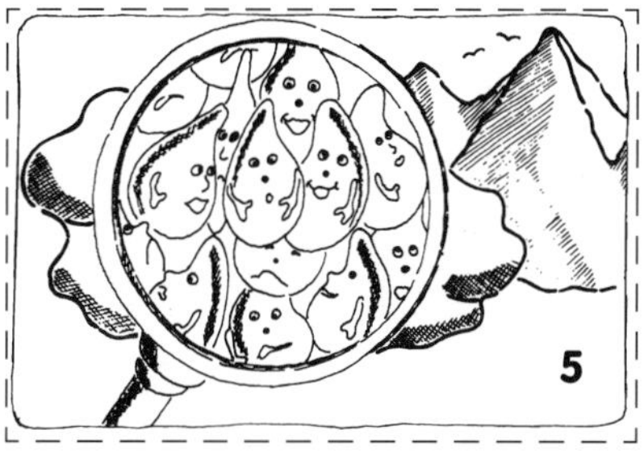

6

„Das schaffen wir nie, über den Berg!", riefen einige Tropfen von weiter vorne. „Wir sind zu schwer!" „Lasst euch fallen!", rief ein anderer. Nach und nach ließen sich die Tropfen aus der Wolke fallen.

Wie könnte das Abenteuer des kleinen Wasserteilchens weitergehen? Schreibe die Geschichte auf einem Blatt zu Ende. Hefte sie in dein Wasser-Buch.
Male einige Bilder zu deiner Geschichte.
Schneide die Bilder zu dieser Geschichte aus und bearbeite das Arbeitsblatt „Kreislauf des Wassers" (Seite 54).

Überlege:
Warum spricht man von einem Wasserkreislauf?

Kreislauf des Wassers

Klebe in diese Zeichnung an die passenden Stellen die Bilder aus der Geschichte „Wasserteilchens Abenteuer“. Male die Zeichnung aus.

Pflanzen brauchen Wasser

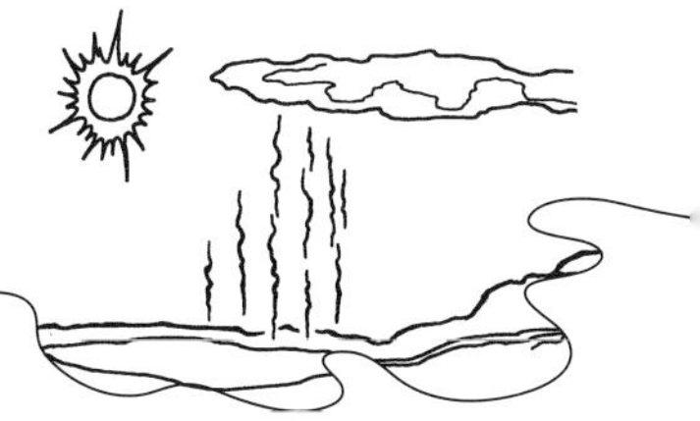

Wasserkreislauf

Versuch

Pflanzen brauchen Wasser. Aber woher weiß man eigentlich, dass das Wasser in einer Blumenvase nicht einfach verdunstet?
Probiere es aus.

Knicke die Erklärung „Wissen" unten auf der Seite nach hinten um.
Lies dir die Versuchsanleitung genau durch.
Nimm dir einen Versuchsbogen und schreibe deine Vermutungen vor dem Versuch auf.
Führe den Versuch durch und notiere deine Beobachtungen und Erklärungsversuche.
Lies dir danach die Erklärungen unten auf der Seite durch.

Das brauchst du:
drei Gläser,
Wasser,
Speiseöl,
einen Zweig mit frischen Blättern (von einem Baum, einer Hecke oder einem Strauch),
Handtücher zum Abtrocknen und Trockentücher zum Beseitigen kleiner „Überschwemmungen".

So geht es:
1) Fülle die drei Gläser gleich hoch mit Wasser.
2) Markiere die Höhe des Wasserstandes.
3) Schütte in das zweite und dritte Glas ein wenig Speiseöl, sodass eine Ölschicht auf dem Wasser schwimmt.
4) In das dritte Glas steckst du aber zusätzlich noch den Zweig mit frischen Blättern.
5) Schaue eine Woche lang jeden Morgen nach. Wie verändert sich der Wasserstand? Woran könnte das liegen?

1 2 3

Wissen:

Im ersten Glas verdunstet das Wasser an der Oberfläche, der Wasserstand sinkt also im Laufe der Woche etwas. Im zweiten Glas liegt eine Ölschicht auf dem Wasser. Deshalb kann kein Wasser an der Oberfläche verdunsten.
Der Wasserstand verändert sich darum im Laufe der Woche nicht. Im dritten Glas liegt ebenfalls eine Ölschicht auf der Oberfläche. Wie im zweiten Glas kann also kein Wasser verdunsten. Trotzdem sinkt der Wasserstand! Dies zeigt, dass der Zweig das Wasser aufsaugt. Wie die Pflanzen das Wasser wieder ausscheiden, kannst du in dem Versuch „Pflanzen verdunsten Wasser" (Seite 57) sehen.

Pflanzen trinken Wasser

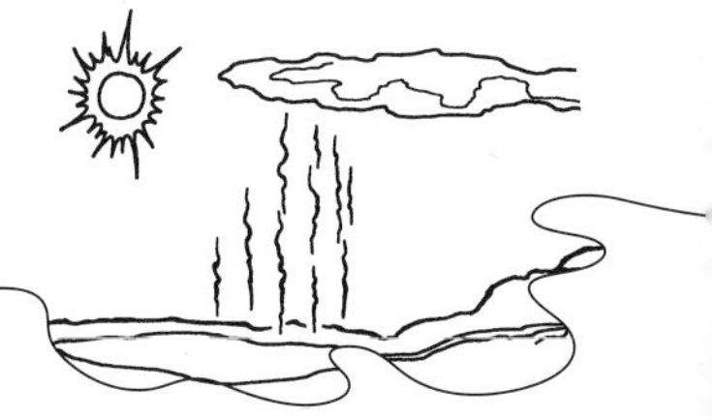

Knicke die Erklärung „Wissen" unten auf der Seite nach hinten um. Lies dir die Versuchsanleitung genau durch. Nimm dir einen Versuchsbogen und schreibe deine Vermutungen vor dem Versuch auf. Führe den Versuch durch und notiere deine Beobachtungen und Erklärungsversuche. Lies dir danach die Erklärungen unten auf der Seite durch.

Das brauchst du:

drei Flaschen,
Wasser,
drei Zweige (einen Zweig ohne Blätter, einen Zweig mit wenig Blättern, einen Zweig mit vielen Blättern), einen Folienstift,
Handtücher zum Abtrocknen und Trockentücher zum Beseitigen kleiner „Überschwemmungen".

So geht es:

1) Fülle die drei Flaschen mit der gleichen Menge Wasser.
2) Stelle in die erste den Zweig ohne Blätter, in die zweite den Zweig mit wenig Blättern und in die dritte den Zweig mit vielen Blättern.
3) Markiere den Wasserstand.
4) Stelle die Flaschen für einige Tage auf die Fensterbank. Was stellst du fest?

1 2 3

Hast du es gewusst?
An einem heißen Tag kann ein großer Baum ungefähr 50 Eimer Wasser trinken. Das ganze Wasser atmet er durch seine Blätter in die Luft aus – unsichtbar!

Wissen:

Pflanzen benötigen Wasser zum Leben. In ihren Gefäßen wird das Wasser nach oben gesogen. An der Oberfläche der Blätter verdunstet es dann. Je mehr Blätter ein Zweig hat, desto mehr Wasser wird durch die Blätter verdunstet. Deshalb wird auch mehr Wasser in die Pflanze mit vielen Blättern gesogen, wie du bei diesem Versuch sehen kannst.

Pflanzen verdunsten Wasser

Wasserkreislauf

Pflanzen trinken Wasser. Aber wo bleibt das Wasser, das die Pflanzen trinken? Muss eine Pflanze auch Pippi machen? **Durch diesen Versuch kannst du herausfinden, was mit dem Wasser geschieht.**

Knicke die Erklärung „Wissen" unten auf der Seite nach hinten um. Lies dir die Versuchsanleitung genau durch. Nimm dir einen Versuchsbogen und schreibe deine Vermutungen vor dem Versuch auf. Führe den Versuch durch und notiere deine Beobachtungen und Erklärungsversuche. Lies dir danach die Erklärungen unten auf der Seite durch.

Das brauchst du:
eine Topfpflanze, Wasser, Frischhaltefolie, einen Faden oder Gummiband, Sonnenlicht, Handtücher zum Abtrocknen und Trockentücher zum Beseitigen kleiner „Überschwemmungen".

So geht es:
1) Gieße die Topfpflanze mit Wasser.
2) Stülpe (vorsichtig, damit die Pflanze ganz bleibt!) die Plastikfolie über die grünen Pflanzenteile und befestige die Folie mit dem Faden oder dem Gummiband am Topf.
3) Warte ein bis zwei Stunden. Was stellst du fest?

Wissen:

Die Pflanze verdunstet Wasser über die Blattoberflächen. Das siehst du normalerweise nicht, weil das Wasser dann gasförmig ist. An der Frischhaltefolie kondensiert das Wasser jedoch, das heißt, es wird wieder flüssig und setzt sich als Tröpfchen ab.

Einen Blitz erzeugen

Versuch

Wenn man die Wolken genau beobachtet, dann kann man das Wetter manchmal vorhersagen. Sieht man riesige, hohe, dunkle Wolkenberge aufziehen, dann wird sich wahrscheinlich ein Gewitter nähern, mit Donner und Blitz. Ein Blitz ist ein heißer, elektrischer Funken, der in den Wolken entsteht, bevor das Gewitter beginnt. Der Donner entsteht, weil der Blitz die Luft ringsherum stark erhitzt. Dadurch entsteht eine riesige „Luftwelle", die das Geräusch verursacht.

Du kannst selbst einen Blitz erzeugen. Alles, was passieren kann, ist, dass es ein bisschen in den Fingern prickelt.

- **Das brauchst du:**
  einen dicken Klumpen Knetgummi,
  ein Kuchenblech aus Metall,
  einen großen Plastikbeutel oder Abfallbeutel aus Plastik,
  den Deckel einer Blechdose.

Tipp:

Der Trick wirkt noch besser, wenn du ihn im Dunkeln ausprobierst.

- **So geht es:**

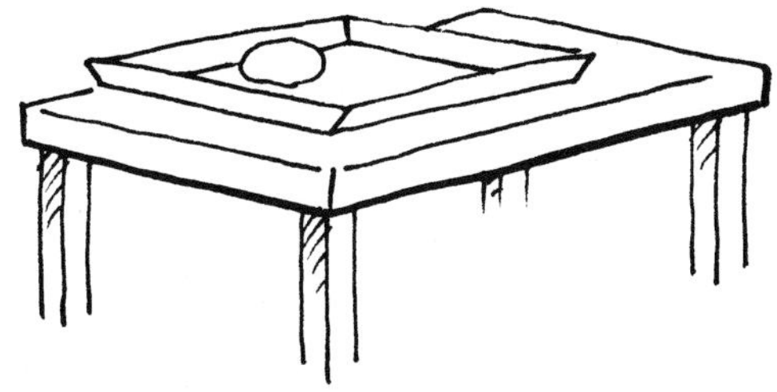

1) Presse den Knetgummiklumpen fest auf die Mitte des Blechs.

2) Stelle das Blech auf den Beutel. Umfasse den Knetgummiklumpen und reibe das Blech über den Plastikbeutel.

3) Nach einer Weile hebst du mit der einen Hand an dem Plastilin das Blech in die Höhe. Mit der anderen Hand hältst du den Blechdosendeckel ganz nahe an eine Ecke des Blechs. Dann wirst du einen Funken sehen, der vom Blech zum Deckel springt.

Wetterbestimmung

Wasserkreislauf

Wenn es regnet, dann ist ganz viel Wasser in der Luft. Auch bei Nebel. Wenn die Sonne stark scheint, dann ist weniger Wasser in der Luft. Dann werden die kleinen Wasserteilchen nämlich mit der warmen Luft nach oben gezogen. Wie viel Wasser in der Luft ist, das kann man mit einem Gerät bestimmen, das man Hygrometer nennt. Ein Hygrometer kannst du leicht selber basteln.

Knicke die Erklärung „Wissen" unten auf der Seite nach hinten um.
Lies dir die Versuchsanleitung genau durch.
Nimm dir einen Versuchsbogen und schreibe deine Vermutungen vor dem Versuch auf.
Führe den Versuch durch und notiere deine Beobachtungen und Erklärungsversuche.
Lies dir danach die Erklärungen unten auf der Seite durch.

Das brauchst du:
ein Holzbrett,
weißes Papier,
einen Nagel,
Kaugummipapier (Silberfolie).

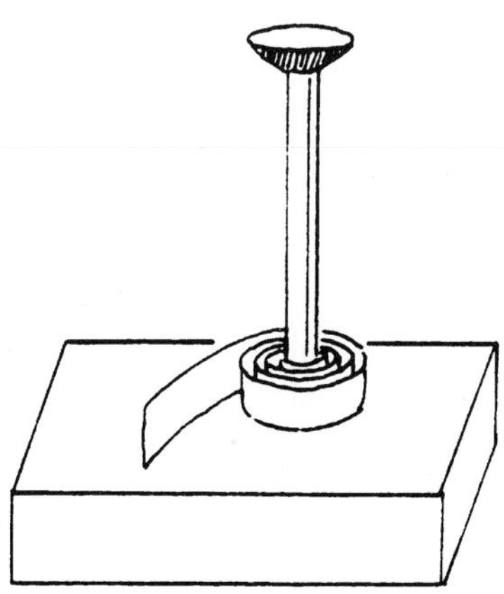

So geht es:
1) Klebe das Blatt auf das Holzbrett auf.
2) Schlage den Nagel in die Mitte des Holzbrettes, so, dass noch mehr als 3 cm herausschauen.
3) Von dem Kaugummipapier schneidest du jetzt einen Streifen von 5 mm Breite ab.
4) Das eine Ende des Kaugummipapiers klebst du am Nagel fest.
5) Wenn es angetrocknet ist, wickelst du das Silberpapier bis auf 2 cm fest um den Nagel. Die Metallseite des Papiers muss dabei nach außen zeigen.
6) Stelle das Hygrometer bei Regen nach draußen an einen geschützten Ort, wo es nicht nass wird.
7) Zeichne an die Stelle, wo das Silberpapier nach einiger Zeit hinzeigt, einen Strich. Schreibe daran „feucht".
8) Wenn die Sonne stark scheint, markierst du die Stelle, auf die das Ende zeigt, mit „trocken".
9) Jetzt kannst du bei jedem Wetter ablesen, ob viel oder wenig Wasser in der Luft ist.

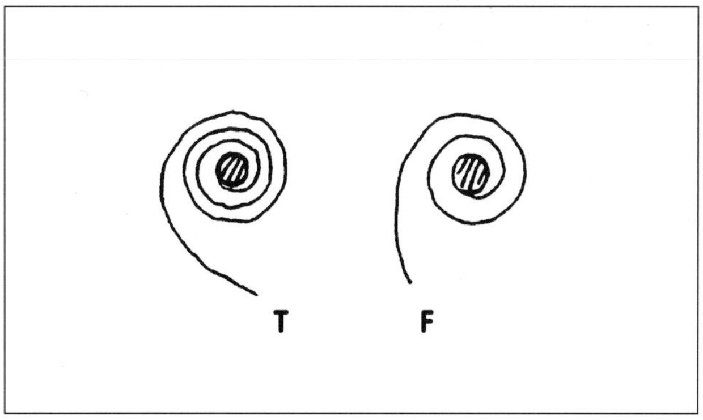

Wissen:

Wenn viel Wasser in der Luft ist, dann saugt das Papier Wasser auf und wird feucht. Dadurch quillt es auf und entrollt sich ein bisschen. Wenn es sehr trocken ist, dann trocknet auch das Papier.
Es rollt sich zusammen. Dadurch bewegt sich das Ende der Silberpapierrolle entweder zur einen oder anderen Seite.

Alle verschmutzen Wasser

Wasser säubern

Wer Wasser im Haushalt nutzt, der verschmutzt es auch.
Überlege dir, wo überall im Haushalt Wasser benutzt und verschmutzt wird und wodurch das geschieht.
Trage in die Liste ein:

Tätigkeit	Wasser verschmutzt durch
Malen	Farben

Überlege:
Wie kann deine Familie im Haushalt Wasser sparen und weniger Wasser verschmutzen?

 ISBN 978-3-8346-0198-8

Alles geklärt? (1/2)

Alles, womit wir unser Wasser tagtäglich verschmutzen, muss in einer Kläranlage mühsam wieder aus dem Wasser entfernt werden. Lies dazu das nächste Arbeitsblatt auf Seite 62 genau durch und beantworte diese Fragen auf einem Blatt:

Wie kommt das Wasser von dir zu Hause bis in die Kläranlage?

Warum läuft das Wasser zuerst durch ein Gitter?

Was werfen die Leute alles in den Abfluss?

Wie heißt das große Becken, in dem Sand und Dreck auf den Boden sinken?

Warum wird im Klärbecken Luft in das Wasser gepumpt?

Was passiert mit dem Wasser, nachdem es in der Kläranlage war?

Tipp:

Schreibe eine lustige Geschichte:
„Wie kam das Gebiss ins Klärwerk?" Überlege dir, was alles im Gitter der Kläranlage landen könnte. Wie ist es wohl dahin gekommen? Erzählt euch gegenseitig die Geschichten der Abfallstücke.

Tipp:

Wählt ein Kind aus, das im Klärwerk anruft und fragt, ob jemand vorbeikommt und euch genau erklärt, wie das mit dem Säubern des Wassers funktioniert. Vielleicht zeigt er euch auch die großen Kanäle unter der Stadt und lädt euch zu einer Besichtigung ins Klärwerk ein. Dann könnt ihr auch gleich fragen, wo der Schlamm aus dem ersten Klärbecken hinkommt. Da sind nämlich jede Menge Giftstoffe drin.

Überlege:

Ist das Wasser wirklich total sauber, wenn es aus der Kläranlage kommt? Die Bakterien mögen leider nicht alles, was sich im Wasser befindet.
Sie fressen zum Beispiel
- kein Gift (Insektenvernichtungsmittel)
- kein Waschmittel
- kein Öl
- keinen Tabak.

Versuche herauszufinden, was mit diesen Stoffen im Wasser passiert!

 ISBN 978-3-8346-0198-8

Alles geklärt? (2/2)

Wohin fließt eigentlich das schmutzige Wasser? Ins Abflussrohr, das ist klar. Aber wohin fließt es dann? Unser schmutziges Wasser (Abwasser) fließt aus jedem Haus und jeder Fabrik in große Rohre. Unterirdisch, unter den Straßen, wird es durch die Abwasserrohre bis zu einer Kläranlage transportiert. Dort wird versucht, das Wasser wieder sauber zu machen. Erst dann wird es schließlich in einen Fluss geleitet.

- **So funktioniert eine einfache Kläranlage:** Zuerst läuft das Wasser durch ein Gitter, wo der grobe Schmutz hängen bleibt. Das funktioniert so wie bei einem Küchensieb, in dem die großen Stücke hängen bleiben. Da sieht man dann, was die Leute alles so in den Abfluss werfen: alte Lappen, Dosen, sogar Uhren, Schmuck und Gebisse. Danach kommt das Wasser in ein großes Becken. Darin sinken der Schlamm und der ganze Dreck zu Boden. Das ist so wie bei einem Glas Wasser, in das ihr Sand und Dreck schüttet. Rührt alles zusammen um und wartet dann ein paar Minuten. Sand und Dreck sind nach unten gesunken, weil sie schwerer sind als Wasser. Vom Absetzbecken wird das Wasser in ein anderes Becken gepumpt. Hier wird viel Luft durch das Wasser geblasen, damit sich ganz viele nützliche Bakterien entwickeln. Bakterien sind ganz kleine Lebewesen, die den Schmutz im Wasser auffressen. Die Bakterien bilden zusammen mit dem Schmutz einen grau-braunen Klärschlamm, der sich im Nachklärbecken absetzen kann. Erst danach wird das vom Klärschlamm getrennte und saubere Wasser meistens wieder in einen Fluss geleitet.

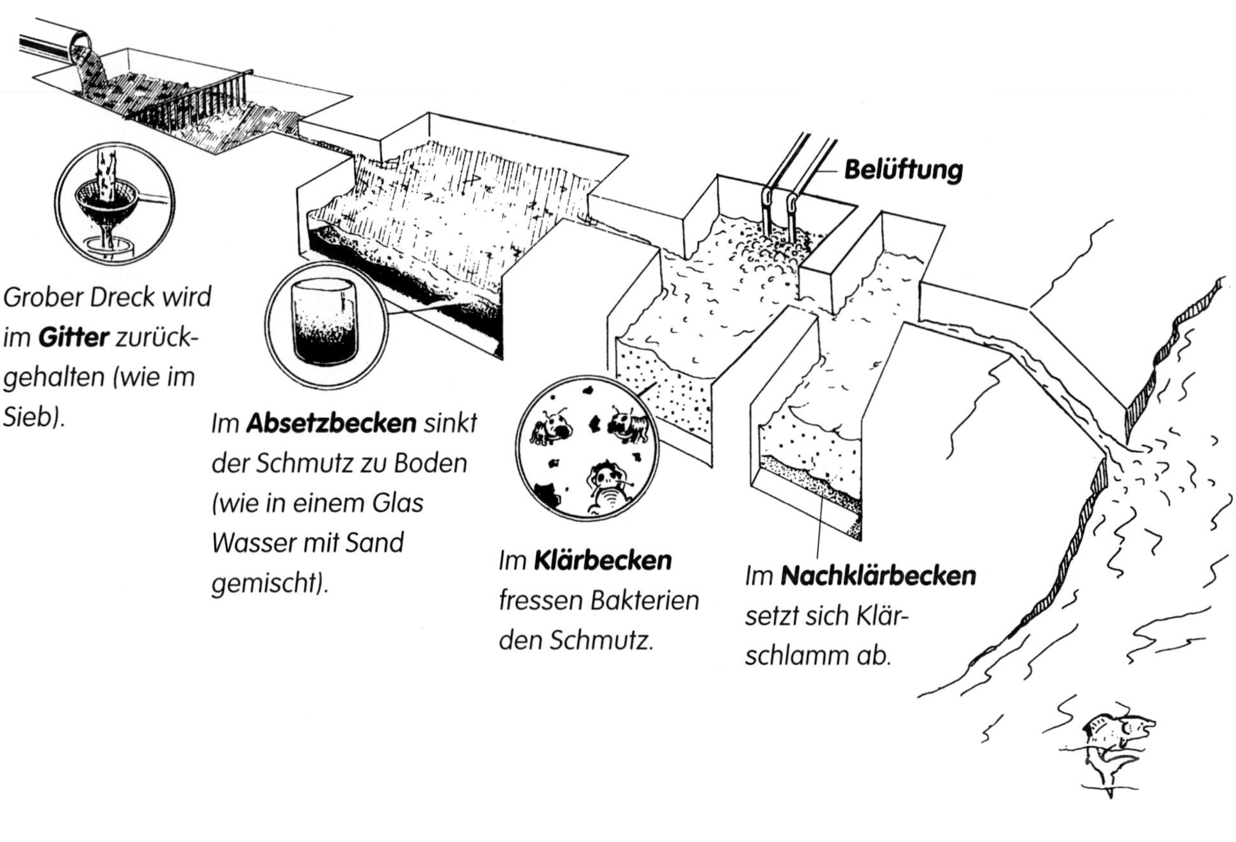

*Grober Dreck wird im **Gitter** zurückgehalten (wie im Sieb).*

*Im **Absetzbecken** sinkt der Schmutz zu Boden (wie in einem Glas Wasser mit Sand gemischt).*

*Im **Klärbecken** fressen Bakterien den Schmutz.*

*Im **Nachklärbecken** setzt sich Klärschlamm ab.*

ISBN 978-3-8346-0198-8

Stoffe im Wasser

Lies dir die Versuchsanleitungen genau durch.
Nimm dir für jeden Versuch einen Versuchsbogen und schreibe deine Vermutungen vor den Versuchsdurchführungen auf.
Führe die Versuche durch und notiere deine Beobachtungen und Erklärungsversuche.

- **Das brauchst du:**
  viele Gläser mit Wasser, Stoffe zum „Verschmutzen" des Wassers, zum Beispiel: etwas Zucker, Salz, Butter, Tee, Kaffee, Sand, Speiseöl, Motoröl, Tuschefarbe, Kreide, Spülmittel, Fußbodenreiniger, Toilettenreiniger, Waschmittel, Weichspüler und was euch sonst noch einfällt, kleine Zettel zum Beschriften der Gläser.

- **So geht es:**
  1) Rühre in jedem Glas einen anderen Stoff ins Wasser. Manchmal musst du kräftig umrühren.
  2) Klebe auf jedes Glas nun einen Zettel. Darauf schreibst du, was du ins Wasser getan hast. Dann kannst du die Gläser auch nicht vertauschen.
  3) Mit diesen Mischungen kannst du jetzt verschiedene Versuche machen.

Versuch 1

Welche Stoffe mischen sich gut?
Mischen sich die Stoffe gut mit dem Wasser?
Mischen sie sich überhaupt?
Wie sieht die Mischung nach einer Stunde aus?
Wie hat sie sich nach einem Tag verändert?

Versuch 2

Kaltes oder warmes Wasser?
Mischen sich die Stoffe besser im warmen oder kalten Wasser?
Wenn die Stoffe sich im kalten Wasser nicht gut lösen, gib nochmals die gleiche Menge von diesem Stoff in warmes Wasser.
Klappt das Vermischen jetzt besser?

Versuch 3

Was passiert bei Wärme oder Sonne?
Schütte von jeder Mischung ein wenig auf kleine Teller.
Stelle diese auf die Heizkörper oder in die Sonne.
Was bleibt auf den Tellern übrig, wenn das Wasser verdunstet ist?

Eine Kläranlage bauen (1/2)

Versuch

Lies dir die Versuchsanleitung genau durch. Nimm dir einen Versuchsbogen und schreibe deine Vermutungen vor dem Versuch auf. Führe den Versuch durch und notiere deine Beobachtungen und Erklärungsversuche.

Das brauchst du:

viele Gläser mit Wasser,
Stoffe zum „Verschmutzen" des Wassers: zum Beispiel etwas Zucker, Salz, Butter, Tee, Kaffee, Sand, Speiseöl, Motoröl, Tuschefarbe, Kreide, Spülmittel, Fußbodenreiniger, Toilettenreiniger, Waschmittel, Weichspüler …,
kleine Zettel zum Beschriften der Gläser,
Blumentöpfe (in der gleichen Anzahl wie Wassermischungen),
Gläser, auf deren Rand du die Blumentöpfe stellen kannst,
alles Mögliche, was Wasser durchlässt, aber vielleicht den Schmutz abhält: zum Beispiel Sand, Kies, Watte, Zeitungspapier, Erde, Kaffeefilterpapier, einen Schwamm …

So geht es:

1) Verrühre in jedem Glas einen anderen Stoff. Manchmal musst du kräftig umrühren. Klebe auf jedes Glas nun einen Zettel. Darauf schreibst du, was du ins Wasser getan hast. Dann kannst du die Gläser auch nicht vertauschen.
2) Baue dir Filtergefäße aus den Blumentöpfen. Dazu legst du auf das Loch im Blumentopf am besten erstmal viel Watte, damit die Erde oder Steinchen nicht gleich mit durchrutschen. Darauf füllst du dann deine Filtermasse. Du kannst entweder verschiedene Filterstoffe übereinanderschichten oder oben nur Sand oder einen Schwamm oder etwas anderes, wie du willst. Wichtig ist nur, dass in allen Blumentöpfen die gleiche Filtermasse ist, sonst kannst du die Ergebnisse nicht vergleichen.
3) Schreibe auf deinen Versuchsbogen, wie dein Filter zusammengesetzt ist. Gieße jetzt eine der Wassermischungen vorsichtig und langsam in das Filtergefäß. Warte, bis sie durchgelaufen ist. Wie sieht das gefilterte Wasser aus? Riecht es anders als vorher? Führe den Versuch für alle Wassermischungen durch.
4) Ist dein gefiltertes Wasser jetzt sauber? Um das herauszufinden, musst du den Versuch auf Seite 65 durchführen.

ISBN 978-3-8346-0198-8

Eine Kläranlage bauen (2/2)

Wasser säubern

Versuch

Um ganz genau festzustellen, ob dein gefiltertes Wasser auch wirklich ganz sauber ist, braucht man Apparate, wie es sie in chemischen Labors gibt. Aber es gibt natürlich auch einfachere Methoden, um das herauszubekommen.

Achtung:

Einige Proben werden sicher noch kräftig nach dem Stoff riechen, mit dem das Wasser gemischt wurde. Und die sind nicht alle ungefährlich.

Daher:

Vorsichtig und kurz riechen! Du darfst die Proben auf keinen Fall probieren!

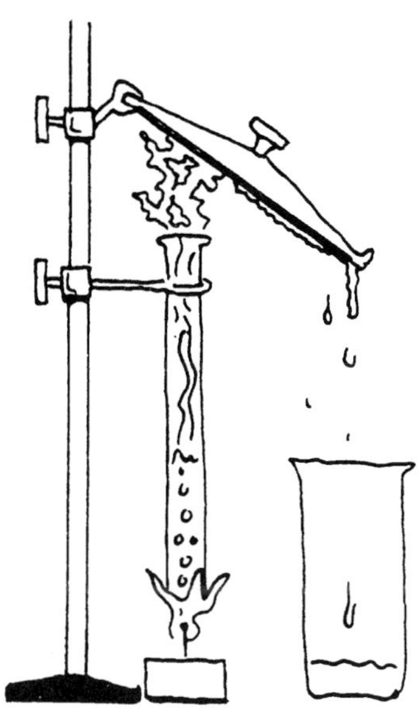

Das brauchst du:

die Wasserproben, die durch deine selbstgebaute Kläranlage geflossen sind,
kleine Gläser (am besten Reagenzgläser),
Zettel zum Beschriften der Proben.

So geht es:

1) Gieße etwas von dem gefilterten Wasser in die kleinen Gläser. Damit kannst du die nächsten Experimente besser durchführen.
2) Klebe auch auf die kleinen Gläschen Zettel wie bei der Wassermischung.
3) Führe nacheinander die folgenden Proben durch:

1) Sichtprobe

Schau dir die gefilterten Wasserproben genau an. Vergleiche sie mit einer Leitungswasserprobe! Ist das Wasser klar? Wenn nicht, was ist im Wasser zu sehen?

2) Geruchsprobe

Rieche vorsichtig an den Wasserproben. Kannst du noch den Geruch der gelösten Stoffe wahrnehmen?

3) Destillation

Erhitze das Wasser in den Reagenzgläsern über einem Teelicht. Bringe dicht über dem Glas einen Deckel an, der schräg steht. Unter die Stelle, wo der Deckel am tiefsten ist, stellst du ein Gefäß. Wenn das Wasser erhitzt wird, verdampft es. Der Dampf kühlt sich am Deckel ab und wird da wieder zu Wasser – er kondensiert.

Die Wassertropfen laufen an der Unterseite des Deckels entlang und tropfen von da in das Gefäß. Das Wasser, das dort landet, nennt man destilliert. Wenn alles Wasser aus dem kleinen Glas verdampft ist, könnt ihr nachschauen. Was ist im Glas zurückgeblieben?

Wenn du alle Versuche durchgeführt hast, dann kannst du jetzt sagen, welche Stoffe nach dem Filtern noch im Wasser waren und welche wahrscheinlich rausgefiltert wurden. **Schreibe deine Ergebnisse in dein Wasser-Buch.**

Literatur- & Internettipps

Literatur zum Thema Wasser

Mönning, Petra; Schwetschenau, Silke; Willems, Karolin:
Die Wetter-Werkstatt.
Verlag an der Ruhr, 2002.
ISBN 978-3-86072-676-1

Warner, Penny:
Wasserspielspaß. Spielen am, im und mit Wasser.
Verlag an der Ruhr, 2003.
ISBN 978-3-86072-795-9

Dittmann, Jürgen; Köster, Heinrich:
Die Becherlupen-Kartei: Tiere in Tümpeln, Seen und Bächen.
Verlag an der Ruhr, 2000.
ISBN 978-3-86072-481-1

Bender, Iris; Gleiß, Anke:
Die Experimente-Kartei für die Grundschule.
Verlag an der Ruhr, 2004.
ISBN 978-3-86072-936-6

Wassergeräusche-Spiel.
Verlag an der Ruhr, 1990.
ISBN 978-3-86072-043-1

Hoenecke, Christian:
Sachunterricht: Natur und Technik. Didaktik und Methodik.
Cornelsen Scriptor, 2004.
ISBN 978-3-589-05089-5

Internet zum Thema Wasser

www.wasser-lexikon.de
Hier finden Sie ein umfangreiches Glossar zu allen Begriffen rund ums Wasser.

http://home.arcor.de/grundschul-abc/hsk/hsk.htm#wasser
Die grundschulbezogene Seite mit zahlreichen Links bietet einen guten Ausgangspunkt für die Internetrecherche.

www.umweltkindertag.de/downloads/aktionsmappe06.pdf
Eine Aktionsmappe im pdf-Format zum Umweltkindertag mit vielen Informationen für die Kinder, Tipps und Ideen.

www.wasser.de
Hier gibt es Informationen zu Trinkwasser, Abwasser, Wasserversorgung usw.

www.geo.de/wasser
Literaturhinweise, Filme und Fotos zum Thema Wasser.

www.klasse-wasser.de
Wasserseite für Kinder der Berliner Wasserbetriebe: Die Kinder können ihr Wissen über Wasserkreislauf, Trinkwasser, Abwasser und Umweltschutz spielerisch erweitern.

www.wasser-wissen.de
In diesem Informationsportal für Wasser und Abwasser finden Sie Hintergrundinformationen und aktuelle Nachrichten zum Thema.

www.verlagruhr.de
Die in diesem Werk angegebenen Internetadressen haben wir geprüft (Stand Oktober 2006).
Da sich Internetadressen und deren Inhalte schnell verändern können, ist nicht auszuschließen, dass unter einer Adresse inzwischen ein ganz anderer Inhalt angeboten wird. Wir können daher für die angegebenen Internetseiten keine Verantwortung übernehmen.